D1720282

Mely Kiyak

Werden sie uns mit *F*lixBus deportieren?

Hanser

Die in Teil 2 versammelten Texte sind eine Auswahl aus »Kiyaks Theater Kolumne«. Sie entstanden zwischen 2013 und 2020 für das Gorki Theater Berlin und wurden für dieses Buch überarbeitet.

1. Auflage 2022

ISBN 978-3-446-27275-0
© 2022 Carl Hanser Verlag GmbH & Co. KG, München
Umschlaggestaltung: Peter-Andreas Hassiepen, München
Satz: Greiner & Reichel, Köln
Druck und Bindung: Friedrich Pustet, Regensburg
Printed in Germany

MIX
Papier aus verantwortungsvollen Quellen
FSC
www.fsc.org
FSC® C014889

Inhalt

Erster Teil

Wir riefen Arbeitskräfte,
und es kamen Kolumnistinnen.
Max Frisch, 1965

Vorhang auf, Vorhang auf!

Sehr geehrtes Publikum, piekfeine Herrschaften, Junkies, Penner, Quartalstrockene, Bordsteinexzellenzen, Abitur-Sörens und Hauptschul-Ingos, Mittleres-Management-Manager, Matrosen, Muftis, Minister, auf dem zweiten Bildungsweg Gescheiterte, aus Versehen zur Welt Gekommene, Wunsch-Lea-Lara-Laura-Larissas und andere In-vitro-Lieblinge, ZDF-Fernsehgarten-Graduierte, von der gesetzlichen Klassenlotterie Abgezockte, Hartz IV-Abonnenten, Kranke, Kiffer, Kränkelnde, Tankwarte, Bademeister, Stand-upper, Start-upper, ermäßigt Umsatzsteuerpflichtige, Wikipedia-Adel, Schreibtischpöbler, Kommentarspaltenplebs, Armleuchter, unaufhörlich um »Quelle, Quelle, Quelle« bettelnde Twitterreferenten, Zurechtrücker, Geradebieger, Facebook-Forschungsstipendium-Fellows, Telegram-Speaker und »Danke für Ihren Hinweis, wir haben den Fehler korrigiert!«-Korrigierende und -Korrigierte, Korrupte, Kaputte, Gekränkte, Osteopathieeingerenkte, vor aller Augen in den Weltmeeren Ertrinkende, Abgeschobene, Vergessene, Verdammte, von der Menschheit Verlassene, Ossis auch, na klar – hallööö, Grieese!, sich mühsam durchs Leben Schleppende, vom Schicksal Leinengebeutelte, von Schicksalswahl zu Schicksalswahl Taumelnde, in alle Extreme Stürzende,

9

Dinkeldeutsche in Vollkornsandalen, auf Zoom, auf dem Land, auf der Kirmes, an allen Gleisen und Gates unserer schönen Heimat von Herne bis Tchibo, von Mönchengladbach bis Manufactum, vom Norden bis Abendbrot um sieben, von Mallorca hat auch schöne Ecken bis Prostatakrebs muss nicht zwingend operiert werden:

Herzlich willkommen, selam, hûn bi xêr hatin, Bützchen rechts, öptüm links, brankos, brankas, ich küsse Ihre Augen, ich hatte solche Sehnsucht nach Ihnen, wollen wir uns nicht duzen?

Quatsch, war nur ein Witz. Nicht duzen, auf keinen Fall duzen. Ich heiße – und ich hoffe, ich buchstabiere das jetzt richtig – K i y a k.

Nicht Kilak, Kelek, Kikak, auch nicht Kijak, Küjak, Kajak, sondern K I Y A K. Das ist serboindolekisch und heißt übersetzt: jemandem einen Gefallen tun. Womit wir bei meiner Tätigkeit, meinem Beruf, meinem Hobby, meiner Leidenschaft, meinem Leben oder sagen wir einfach meinem Nebenjob sind, nämlich Kolumnistin. Ein berühmter Neuköllner Sozialarbeiter, der genau wie ich Deutsch als Berufssprache benützt, fragte mich einmal, ob man als »Kommunistin« gut leben könne und was man als »berühmte Zeitungskommunistin« verdiene, und ich habe das nie zurechtgerückt, denn je genauer ich nachdenke, desto weniger erschließt sich mir der Unterschied zwischen einer Kolumnistin und einer Kommunistin.

Ich gehe mit Fragen nach meinem Lebensstil offen um, und ja, in gewisser Weise bin ich genau die Art von Salonkolumnistin, auf die man von der oberen Mittelschicht aus so gerne herabblickt. All die Kanzlei, Praxis, Bauernhof, Immobilien oder Geldsummen vom Vater übernommen habenden Erben, die es in ihrem Leben zu wenig mehr brachten als bestenfalls zu einem Mandat im Landtag und wenigstens einer Scheidung mit geregelter Alimentezahlung, kriegen Nervenzusammenbrüche, wenn sie sehen, dass man einzig aufgrund von Alphabetisierung und dem Wunder der Syntax im gleichen Lokal speist wie sie. Von solchen Leuten wird einem das mondäne und prächtige Leben, das man wahlweise »da oben«, unter »ihresgleichen« oder »in der eigenen Filterblase« vermeintlich führt, am meisten vorgeworfen. Einmal saß ich mit Wolfgang Bosbach in einer Diskussionsrunde vor den Gewerkschaftern der IG Bergbau und Chemie und stritt mich mit ihm. Na ja, streiten ist ein wenig übertrieben, ich las ihm aus seinem eigenen Parteiprogramm vor, worauf er empört das Podium verließ. Daraufhin sprangen ein paar Gewerkschaftskumpel auf und holten ihn zurück. Wir versuchten erneut ein Gespräch. Als wir erfolglos alle Sachargumente miteinander ausgetauscht hatten, wechselte ich von der subjektiv-emotionalen Ebene zur objektiven und sagte ihm geradewegs ins Gesicht: »Sie haben von nichts eine Ahnung.« Und er antwortete, dass *ich* keine Ahnung habe, weil Leute wie ich den ganzen Tag Prosecco trinken würden und von der Dachterrasse mit Blick auf den Gendarmenmarkt aufs Volk runterschauten. Selbstverständlich korrigierte ich ihn umgehend: »Meine Güte, trinken Sie etwa noch Prosecco? Ich habe schon im Praktikum zu Champagner gewechselt.«

Ich begegnete Bosbach noch ein zweites Mal, allerdings nicht persönlich, sondern indirekt auf meinem Gesicht. Als ich in der Maske der Günter-Jauch-Show saß, bot mir die Maskenbildnerin an, mein Gesicht mit dem Airbrushverfahren zu verschönern. Das ist eine Art winziger Gartenschlauch, aus dem das Make-up feinnebelig herausgesprüht und damit das Gesicht benieselt wird. Ein wenig sieht es so aus, als sei man ein Rübenacker, der gerade mit Pestiziden gespritzt wird. Das sei, wie man mir sagte, absoluter Maskenstandard in Talkshows, also ließ ich mich besprühen. Ich geriet jedoch recht gelbstichig, was die Verschönerungsspezialistin nach einigem Hin und Her und viel Protest meinerseits dann doch einsah, und sie gestand mir, dass in der Düse noch Restfarbe von Bosbach drinsteckte. Der war wohl die Woche zuvor in dieser oder einer anderen Show gewesen. Ich sollte an dem Abend mit dem damaligen Innenminister Hans-Peter Friedrich von der CSU diskutieren. Wie ich da so unglücklich mit meinem goldgelb gebackenen Schnitzelgesicht saß, bot sie mir an, mich mit Friedrichs Düse zu übersprühen, dessen Teint eher ins kräftige Braun tendiert. Daraufhin sah ich zwar wie der Cockerspaniel aus der Saftgulaschwerbung aus, aber es stand mir doch etwas besser als Bosbachs Teint. Will sagen, dass ich schon geyellowfaced und gebrownfaced wurde, als es noch kein Twitter gab, wo ich um Unterstützung und Anteilnahme hätte bitten können. Und ja, Sie lesen richtig, für meinesgleichen wurde die Farbe nie extra angerührt, unsereins muss nehmen, was an Restpigmenten in der Düse steckt.

Jedenfalls, doch. Man kann vom Kommunismus ganz gut leben, und ich finde außerdem, dass man sich meinen Namen ruhig merken kann. In einem Land, wo es jahrzehntelang kein Problem war, Politikernamen wie Wieczorek-Zeul, Dinges-Dierig, Skarpelis-Sperk oder Büchsenschütz-Nothdurft fehlerfrei aufzusagen, wird es wohl möglich sein, sich den Namen Kiyak zu merken, was vom Unkompliziertheitsgrad mit Kafka vergleichbar ist.

Folgendes ist nun wirklich eine Randbemerkung und hundert Jahre her. Ein Radiomoderator beschrieb mich einst als Dieter Hallervorden unter den Kolumnisten. Mit anderen Worten, ich bin tootal witzig.

Macht mir mein Beruf Spaß?, werden Sie mich fragen.

Ich kenne einen Arbeiter, der 30 Jahre lang ohne Atemschutzmaske Kupferdrähte für die Flugzeug- und Raumfahrtindustrie lackierte. Dreißig Jahre lang steuerte, hob und schleppte er gigantisch große Spulen, auf denen sich Hunderte Kilo Kupferdraht gleichmäßig drehten und majestätisch in Farbwannen senkten. Der Draht war entweder dünner als ein Haar auf dem Kopf oder dick wie ein Fahrradschlauch. Beim Beobachten des Drahtes hatte er, nennen wir ihn Herrn K., viel Spaß, so erinnerte er es zumindest. In der ersten Hälfte dieser 30 Jahre, als die Fabrik noch einen Direktor hatte, drehten sich die Spulen langsamer. In der zweiten Hälfte, als der Fabrikdirektor durch Konzernmanager ausgetauscht worden war, drehten sich die Spulen doppelt so schnell. Wie sich die Spulen schneller drehten, hatte Herr K. natürlich doppelt so viel Spaß. Also versuche ich beim Schreiben auch Spaß zu haben. Weil ich dann denke, wenn einer zwölf Stunden lang Freude dabei empfindet, einer rotierenden Spule im Umfang einer Litfaßsäule zuzuschauen, werde ich es wohl auch hinkriegen, beim Schreiben Spaß zu empfinden. Doch es macht keinen Spaß, egal wie ich es drehe und wende.

Schreiben ist schreiben und sonst nichts. Weder macht es Spaß, noch macht es unglücklich. Fragen Sie einen Sushikoch, der in seiner Meisterklasse Sashimi vom Fischfleisch herunterschneidet. Der hat gar keine Zeit, sich Gedanken darüber zu machen, ob das Schneiden von hauchdünnen Barschfilets Spaß macht. Der hat ganz andere Probleme. Liegt das Messer richtig in der Hand, ist der Barsch bereit für den Akt? Oder wie Rolf Dieter Brinkmann dichtete:

Ein Lied zu singen
mit nichts als der Absicht, ein Lied zu singen,
ist eine schwere Arbeit,
wie vor dem schneebedeckten Berg zu sitzen,
und ihn jahrelang, ohne Ablenkung, anzuschauen
und dann, eines Tages, mit einem einzigen Strich weißer
Tusche auf das weiße Papier zu setzen, dass jeder sieht,
der Berg ist absolut leer

Als ich anfing Kolumnen zu schreiben, kam es häufig vor, dass ich wie ein Fußballspieler von einem Club zum anderen abgeworben werden sollte. Damals war ich neben einer Handvoll Kolumnistengiganten ein unbekannter Linksaußenstürmer mit aufregender Frisur. Das ist schon lange nicht mehr so. Heute bin ich eine von vielen, und klar stört mich das total. Als Langzeitchronistin gilt man nahezu als Tote, egal ob man lebt oder nicht. Außerdem heißt es dann immer, die ganz frühen Stücke waren die allerbesten. Dass meine Zeit langsam abläuft, merkt man auch daran, dass ich hier nur noch von früher spreche. Legenden sprechen immer von früher, aktuelle Stars haben längst einen Podcast.

Ich arbeite noch streng nach der alten Methode. Nach dem Aufwachen lese ich Zeitungen. Manchmal fünf, sechs oder sieben. Das erschöpft mich total. Da sind diese ganzen Worte und Themen, die sind in meinem Kopf. Dann folgt der Versuch, das zu verarbeiten. Darin besteht ja meine Tätigkeit. Zu lesen und zu kapieren. Dann übersetzen. Wie ein Fährmann trage ich die Worte von einem Ufer ans nächste. Steche mit dem Paddel einmal links ins Wasser, dann rechts ins Wasser, und manchmal sehe ich schon die andere Seite des Flussufers und weiß doch, dass ich an diesem Tag nicht ankommen werde, und drehe auf der Hälfte wieder um. Morgen geschieht das gleiche noch einmal. Und übermorgen auch. Die meisten Tage enden damit, das Ziel wieder nicht erreicht zu haben. Schreiben, verwerfen, verzweifeln.

Das Schreiben im Kontext so vieler Worte, Meinungen, Stimmungen, Likes und Kram ist kompliziert. Kommt doch einmal ein Text dabei heraus und wird veröffentlicht, bin ich selber total verblüfft. Aber auch das Publikum. Dann entrüsten sie sich:

»Und so etwas wird veröffentlicht?« Ja, denke ich dann, das wird es. Genauso wie Ihr Kommentar im Leserforum auch, von dem Sie denken, dass er im Prinzip die bessere Kolumne sei. Das Schreiben ist aber kein Swingerclub. Darauf möchte ich schon bestehen. Da kann nicht jeder auf jeden drauf. Das Schreiben ist eine intime Angelegenheit und keine Dreiecksbeziehung mit dem Publikum.

Das Publikum mutmaßt, dass ich Deutschland hasse. Hasse ich Deutschland? Kurt Tucholsky sagte: »Wir dürfen Deutschland hassen, weil wir es lieben.« Aber ich hasse Deutschland nicht. Man kann Menschen hassen, Regierungen, Situationen. Aber Länder und Nationen? Völker? Das sind Denkmuster von Nationalisten. Ich finde, wenn jemand ein Land hasst, dann stimmt was nicht mit ihm. Und wenn er einem anderen vorwirft, dass er das Land hassen würde, stimmt schon tausendmal was nicht mit ihm. Nur um das noch mal klarzustellen, ich liebe dieses Land nicht. Ich glaube Tucholsky auch nicht, dass er es tat. Manchmal schreibt man aus Notwehr solche Anbiederungssätze.

Aber jetzt noch mal richtig: Wie finde ich Deutschland denn so?

Ich muss ein wenig grübeln.

(Frau Kiyak denkt nach.)

Eine Weile schaute ich für mein Leben gern Fotos von Beate Zschäpe an, die während des NSU-Prozesses gemacht wurden. Das ist jetzt vielleicht etwas unpassend, aber ich finde, die Zschäpe und ich, wir sehen uns ähnlich. (Mit Ähnlichkeit ist das so eine Sache. Vor Jahren überfiel mich in Köln ein älteres Pärchen, die beiden küssten mich und schrien aufgeregt: »Ist denn das zu fassen, Frau Schrowange?! Wir dürfen Sie doch Birgit nennen? Birgit, Sie sind unser größtes Glück!« Ein anderes Mal wurde ich vor einer Dorfapotheke gecastet, mit der Bitte »Hätten Sie Zeit und Lust, Ulrike Folkerts zu doubeln? Sie müssen nichts tun, nur tot sein.« Offenbar wurde Ulrike Folkerts im Film ermordet und war sich zu fein, ihre eigene Leiche darzustellen. Ich lehnte das Angebot natürlich ab, schob aber hinterher, dass ich jederzeit bereit sei, Monica Belluccis Leiche zu spielen.)

Ich las Gerichtsreportagen vom Münchener NSU-Prozess. Oft versuchten die berichtenden Kollegen einen Eindruck von Beate Zschäpes *spirit* zu vermitteln. Der ganzheitliche Ansatz bei der Betrachtung von Nazis ist eine sehr deutsche Spezialität. Wenn sie morden, wird stets nach einer vermeintlich tieferen Ebene gebohrt, um das »wahre« Motiv zu erfahren. Als gäbe es neben der rechtsextremen Ideologie noch eine weitere, die irgendwo im Verborgenen liegt. Beispielsweise bemerkte eine Gerichtsreporterin, dass Beate Zschäpes rosafarbenes Brillenetui so gar nicht zu den Tatvorwürfen, dem Erschießen von Türken, passen würde. Damit hat man in Deutschland grundsätzlich große Schwierigkeiten: zu begreifen, dass auch lieb aussehende Menschen schreckliche Dinge tun können. Ich weiß nicht, hat Guido Knopp Hitlers Pillendose schon mal gezeigt? Die war sicher auch ein reizender, zierlicher Alltagsgegenstand. Man kann exorbitant gut aussehen, schöne Sachen besitzen und Juden auslöschen. Die Eliten in der NSDAP waren oft adrette Männer. Das ist ja doch eher ein Phänomen der 1990er Jahre, dass Rechtsextreme so prollig aussahen. Früher waren die Nazis gepflegt und konnten Klavier spielen. Früher war wirklich manches schöner.

Hannah Arendt begleitete in Kolumnen für den *New Yorker* den Eichmann-Prozess in Jerusalem. Immer wieder beschrieb sie die Fassbarkeit des Unfassbaren, das in der Fassade des Bürgerlichen daherkommt. Viele Offiziere des Nationalsozialismus, all die Menschen, die dafür zuständig waren, die Theorie zur Vernichtung von Menschen zu schaffen, konnten sich manierlich benehmen und waren im Denken und Fühlen trotzdem stumpfsinnig. Du kannst sechs Millionen Juden in den Ofen schaufeln und dir anschließend beim Abendessen die Mundwinkel mit der Stoffserviette abtupfen. Heinrich Himmler hat das natürlich viel schöner gesagt als ich. »Angesichts der Härte der Morde« sei die SS »stets anständig« geblieben und habe ihre schwerste Aufgabe immer »in Liebe zu ihrem Volk erfüllt, ohne seelischen und charakterlichen Schaden genommen zu haben«. Das ist es doch, oder? Trotz Konzentrationslagern und millionenfachem Mord ein Mensch zu bleiben. Nie wurde die deutsche Leitkultur so präzise beschrieben wie hier. Beate Zschäpe hatte ein rosafarbenes Brillenetui, sie hatte Miezekätzchen und ein paar Pfunde zu viel auf den Hüften, die sie mit etwas Frühsport auf Fehmarn in den Griff zu bekommen versuchte.

Tja, und nun die Frage, was denke ich über Deutschland? Ich denke: Vorsicht vor rosafarbenen Brillenetuis.

»Nie mehr sollen Menschen Knechte von Menschen sein. Die Erde sei weit, ohne Grenzen, wir laden euch ein, kommt bald!«, das ist eine Zeile aus einem Gedicht von Nazim Hikmet. Der Fachhandel für Pfefferspray, Schreckschusspistolen, Reizgas und Elektroschocker vermeldet jubelnd, dass seit dem Anstieg der Flüchtlingszahlen 2015 die Umsätze in Deutschland Jahr um Jahr steigen. Jeder gekauften Knarre knallt es aus dem Lauf: Merkel, Lübcke, Claudia Roth, wir schaffen das nicht!

Nicht, schaffen *die* das? Die Armen, die Kriegsversehrten, die Flüchtlinge, sondern immer wir, schaffen *wir* das? Ich kann nur für mich sprechen: Doch, ja, ich schaffe das. Aber gut, was weiß ich schon? Da oben in meiner Dachgeschosswohnung mit Blick auf einen der beiden Berliner Dome, mit einem teuren Getränk im Glas. Ich soll die Angst endlich begreifen, schrieb man mir häufig und aufgebracht, ich müsse unbedingt auf die Angst schauen. Gut, dann schaue ich auch mal auf die Angst. Ist ja nicht so, dass ich sie nicht kenne. Die Angst sitzt auf den Kontoauszügen. Beim Blick auf die Preisschilder im Laden. Die Angst sitzt in der Betriebskostenabrechnung. Sie sitzt an der Straßenbahnhaltestelle, im Wartezimmer, vor dem Ergebnis der letzten Blutuntersuchung. Auch im Telefonapparat, im Nicht-klingeln, die Angst sitzt in einem Sonntag, an dem man wieder nicht besucht wird. Die Angst sitzt in den verknitterten Foto-grafien und den Erinnerungen, sie sitzt fest im Kummer und sie sitzt im Schmollwinkel eines Lebens, auf das man sich freute, als man zwanzig war, und das man anders plante – und sitzt fest in all den Momenten, auf die man hätte verzichten können. Und in all dem Unvermögen, über das man auch großzügig verfügt und das zuzugeben man nie in der Lage sein wird, sitzt sich die Angst sowieso den Arsch breit. Ich glaube, man nennt es »das Leben«, und das gibt es nicht ohne Angst, das ist nichts Besonderes, sie betrifft alle Menschen auf der ganzen Welt. Irgendwann biste fünfzig oder sechzig – und ab hier trennen sich die Mentalitäten und Traditionen –, hast alles verpasst, worauf du Lust hattest, und jetzt sitzen statt einem prächtigen Scheißleben all diese gutaussehenden Scheißflüchtlinge, diese Frauen, die auch nach 2000 Kilometern Fußmarsch einfach nur betörend schön aussehen, mitten in deinem Leben, und du denkst, jetzt hol ich mir 'nen Elektroschocker. Oder aber du denkst – und dazu zähle ich mich – nicht doch, nicht doch, wer wird denn neidisch auf die Ärmsten der Armen sein, auf die, die alles verloren? Nein, nein, nein, wird einem schreiend, kreischend, explodierend entgegnet, das sei zynisch, und man antwortet in Gedanken NA UND? Die haben doch auch Angst. Die sind auch Jemande. Die können sich daran erinnern, wie das war, im heißen Hinterhof des Hauses eine kühle Limonade zu genießen. Die sind aus dem gleichen Holz wie wir. Mit dem gleichen Schmerz und der gleichen Hoffnung. Und es ist einfach nicht wahr, dass die etwas wollen, das ihnen nicht zusteht. Es steht ihnen alles zu. Einfach alles. Wäre diese Gesellschaft offener, wenn alle Syrer, Afghanen, Iraker, Roma aus Europa, Bulgaren, Rumänen, Kurden, Menschen vom afrikanischen Kontinent mit einem sechsstelligen Vermögen im Boot kommen würden? Würde man sie dann auch an den Grenzen gefangen nehmen, in Busse setzen, in Lager bringen, sie ausziehen, untersuchen, ihnen ihre Pässe wegnehmen? Sie schubsen, schlagen, vergewaltigen? Der amerikanische Menschenrechtler Bryan Stevenson sagt: »Das Gegenteil von Armut ist nicht Reichtum sondern Gerechtigkeit.«

Kann mir mal jemand fünf Mitglieder des Ausschusses für Menschenrechte und humanitäre Hilfe nennen, bitte?

Egal aus welcher Partei? Vier?

Drei?

Einen?

Daran muss man sich auch erst einmal gewöhnen, oder? Dass Menschenrechtler in der Politik nicht stattfinden. Menschenrechtler gehen in Vereine. Politiker in Parteien. Manchmal gründen die Politiker auch einen Menschenrechtsausschuss, kein Ministerium, sondern einen Ausschuss – das ist noch Galaxien unter der parlamentarischen Töpfergruppe, das ist quasi gar nichts. Gäbe es ein ernstzunehmendes parlamentarisches Gremium, das sich mit Gerechtigkeit beschäftigte, müsste es die »Ängste und Sorgen« der Privilegierten der Situation der wirklich Bedrängten und Bedrohten gegenüberstellen. Dann bekämen Stimmen wie die von Ali Reza Gewicht. Ali Reza ist aus Afghanistan geflohen und gab dem *Spiegel* vor sehr vielen Jahren ein Interview. Er war vor den Taliban weggerannt. Dabei wurde er kreuz und quer über den Kontinent gejagt und als er endlich in Deutschland ankam, sollte er wieder zurück nach Afghanistan. Niemand weiß, wo er heute ist. Vielleicht in Island, vielleicht in Pakistan, vielleicht schon tot. Vielleicht muss man derart viel weggelaufen sein in seinem Leben, damit man die tiefste und wichtigste Frage stellen kann, die ein Mensch an seine eigene Existenz richten kann: »Warum ist jemand auf der Welt, wenn es nirgendwo einen Platz für ihn gibt?« Was hätten Sie Ali Reza geantwortet?

Wenn es stimmt, was Elie Wiesel sagte, dass die eigene Freiheit immer abhängig von der Qualität der Freiheit eines anderen ist, dann landen wir wieder bei der Gerechtigkeit. Aras Ören war 1969 aus Istanbul nach Westberlin gekommen, arbeitete als Hilfsarbeiter, Bierzapfer und Schriftsteller. Er schrieb Gedichte. Vielleicht hatte man sich in der Generation von Wiesel und Ören einfach mehr Gedanken über die Gerechtigkeit gemacht. Ich zeige Ihnen eines der schönsten Gedichte, die ich über die Gerechtigkeit kenne. Es ist in sehr einfachen Worten geschrieben (barrierefrei nennt man so etwas heute), was will man kompliziert über etwas so Schönes und Einfaches wie Gerechtigkeit und Zusammenhalt abstrahieren und theoretisieren? Die Zeilen sind von 1973:

Hier wohnen wir,
und hier,
in dieser Straße,
in dieser Gegend, sind wir viele,
viele, die wie er, wie du, wie ich,
jeden Tag von neuem an die Wand gedrückt werden,
und viele wissen nicht, was tun.

Dass das schwer ist, merke ich schon, wenn ich darüber rede,
aber allein geht es nicht.
Wir müssen uns zusammentun,
allen zeigen, wie es heute ist und morgen,
wie wir frei werden.
Anfangen mit konkreten Beispielen.
Die Tricks aufdecken, mit denen sie uns übertölpeln,
jeden Tag.
Klarmachen, dass nichts sich ändern wird,
wenn wir unsere Sache nicht selber anfangen.

(…)

Das müssen wir uns und den anderen klarmachen
durch das, was wir machen.

Du fragst warum? Lass mich erklären:
Alles, was auf der Erde gemacht ist,
ist gemacht von der Arbeitskraft der Menschen.
Und das, was man Zivilisation nennt,
hat diese Arbeitskraft als Summe übereinandergelegt.
Da ist ein bisschen dein, ein bisschen mein Anteil,
das ist der Anteil der Arbeitenden,
egal aus welcher Nation oder wo sie leben.
Selbst in dem weichen Toilettenpapier und in den Raketen,
die zum Mond fliegen,
steckt ihr kaum merklicher Schweißgeruch.
Und glaub mir, der von Meister Halit ist auch dabei.
Es gibt nur die Erde, die allen gehört,

und das Ding, dass die Welt macht,
ist die Arbeitskraft.
Und alle, die ihre Arbeitskraft geben, sie haben den gleichen
Anteil an der Welt.
Sie müssten ihn haben.

Es gibt immer diese zwei Menschengruppen. Die, die sich weigern, ihr Denken auf *standby* zu setzen, und erreichbar für die Beschwerden der Welt bleiben, und die anderen. Wer es als Deutscher in diesem Land zu nichts anderem gebracht hat, als Nazi zu werden, für dessen Ängste habe ich keinen Trost. Ist es meine Schuld, dass Adolf Hitler kein Grab hat, das man besuchen kann, um in Ruhe zu trauern und abzuschließen? Bitte nicht antworten. Das war jetzt die Stelle mit der billigen Polemik.

Wenn man derart nach rechts tendiert, dass man die Erde, die ja eine Scheibe ist, um 90 Grad neigen müsste, damit die nach rechts Gekippten wieder aufrechte Nazis sind, wird man mit dem Leben und der darin verborgenen Schönheit immer fremdeln. Ich gebe zu. Auch ich bin oft auf der Suche nach Trost. Aber ich suche ihn nicht auf fertigmitderwelt.de. Und soll ich was sagen? Es klappt. Dafür brauche ich nichts. Das krame ich aus mir selber raus. Für eine kolumnierende Schriftstellerin ist es auch nicht leicht. Man muss sich Erbsen in die Ohren stecken, um nicht zu verzweifeln. Claudia Roth von den Grünen hat mal gesagt, dass nach der Willkommenskultur die »Willkommens-Infrastruktur« folgen müsse. Und damit es mit der Integration klappt, solle man den »Integrations-Turbo« anwerfen. Als Andi Scheuer noch CSU-Generalsekretär war, sagte er, das Flüchtlingsproblem sei zu einem Migrationsproblem geworden, und forderte deshalb neben einer Willkommenskultur auch eine »Verabschiedungskultur«. Thomas de Maizière sagte als Innenminister, dass sich die Flüchtlinge nicht gut benähmen, weshalb er von den Flüchtlingen eine »Ankommenskultur« erwarte. Jeder andere Berufstätige kann nach solchen Sätzen in den Mediamarkt zum Bummeln gehen. Nur die Kolumnistin muss sich alles merken, um in Erwägung zu ziehen, eine Kolumne darüber zu schreiben. Sie wird dann das Naheliegende formulieren.

Dass die Flüchtlinge aus ihren Straßen wegliefen, über die Stadtgrenzen, über die Landesgrenzen, dass sie in Boote stiegen, am anderen Ufer ankamen, weiterliefen und 2000 Kilometer später in Deutschland oder anderswo ankamen. Wenn das nicht Ankommenskultur ist, was dann? Ist Ihnen, liebes Publikum, schon einmal aufgefallen, dass über die Anzündungskultur nie geredet wird? Über die Brandstiftungskultur? Das kommt alles noch von der Rassentheoriekultur. Von der Vergasungs- und Vergessenskultur bei gleichzeitiger Gedenkkultur mit anschließender Denkmalerrichtungskultur. Dann die Niewieder-Parolenkultur. Während die Politiker Benimmregeln für Flüchtlinge formulierten, unterstützte Russland mit riesigen Krediten den französischen Rassemblement National, der damals noch Front National hieß, sowie die ungarische Jobbik Partei. Sender wie *Russia Today* sendeten live von Pegida-Demonstrationen und sagten über die Flüchtlinge in Deutschland, dass sie »bakteriologische Bomben« seien. Verstehen Sie, dieses Scheißgedächtnis erschwert mir das Träumen und Bummeln. Ich würde auch lieber in der Abteilung mit den elektronischen Kleingeräten stöbern.

Und dann sind da noch die Deutschtürken und ihr ewiges Gefresse. Ich denke das oft: Türken, hört auf, ständig ans Essen zu denken! All diese Imbisse. Mit Döner kannst du nicht wählen. Mit Döner findste keinen Job. Mit Döner gibt dir keiner 'ne Wohnung. Mit Döner kommste nicht in den Rundfunkrat und in die Ethikkommission. 16 000 Dönerbuden in Deutschland erreichen einen Umsatz von 3,5 Milliarden Euro. Mit Döner biste bloß im Finanzamt der Chef. Das war's! Werde ich den Syrern, Afghanen und Irakern auch sagen: Bitte eröffnet keine Schnellimbisse. Kein Mensch braucht das. Jetzt nicht auch noch 16 000 Falafelbuden!

Und überhaupt, warum seid ihr hier, Flüchtlinge, die ihr neuerdings Migranten heißt? Migranten. Als hättet ihr vor der Flucht schnell noch den Festnetzanschluss gekündigt und eine Abschiedsparty geschmissen. Migranten deshalb, weil das die Rechtsextremen erfolgreich in den deutschen Thesaurus gedrückt haben. Damit es nicht nach Krieg und Bomben klingt, sondern nach Verreisen, nach Urlaub, nach aufblasbaren pinken Gummiflamingos und nach selbstgewählter Entscheidung. Warum seid ihr nicht woanders? Die Deutschen brauchen euch nicht. Ohne euch ist Paradies. Mit euch nur Hölle, nur Schrott, wegen euch ist AfD. Wegen euch ist überhaupt alles Mist, kein Bus, kein Internet, kein Sex. Die reden nur noch über euch! Merkt ihr das überhaupt in euren Erstaufnahmeeinrichtungen?

Kriegt ihr überhaupt was mit? Dass die Tag und Nacht mit euch beschäftigt sind? Frank Plasberg und Maybritt Illner und die Maischberger haben schon die soundsovielte Sendung wegen euch gemacht. Verflucht noch mal kapiert ihr nicht? Sprecht ihr kein Deutsch oder was? Das sind Deutsche. Das hier ist eine Kulturnation. Wenn die krank sind, haben sie Kulturnations-beschwerden. Dann leiden sie. Alle Welt hat Kopfweh, nur Deutsche haben Spannungskopfschmerz, Schleimbeutelent-zündung in der Birne, Sehnenscheidenentzündung im Herzen, Meniskus im Denken. Kein Volk der Erde kennt Zöliakie, au-ßer den Deutschen. Habt ihr in Afghanistan und Mali auch ge-fährliches Klebereiweiß in euren Lebensmitteln? Keine Zeit für Integrationsturbo. Keine Zeit, euch zu fragen, wie es euch geht. Und was in eurem Dorf los war. Und wer alles vom Boot fiel und ertrank. Keine Zeit, sich erklären zu lassen, was eine Fass-bombe ist und wie sie wirkt. Das belastet die, das zu hören. Wir brauchen in Deutschland auch eine Schweigekultur. Das müsst ihr als Flüchtlinge lernen. Auch mal zu schweigen. Jammer-kultur haben wir schon selber genug im Land. Da können wir uns keine traumatischen Erlebnisse anderer antun, das belastet uns, da kommen wir aus unserer Traumaspirale mit Moralkeu-lenanschlussangst nicht mehr raus. Wir haben uns ja schon zu Tode erschrocken, als ihr alle gekommen seid. Nicht, dass hier nicht schon seit '45 immer wieder Millionen Menschen anka-men, aber es fühlt sich jedes Mal an wie neu. Diese viele fremde Kultur, die da jetzt auf den Pritschen und Doppelstockbetten gelebt wird, ohne Geld, Nahrung, ohne Medikamente und ge-eignete Badehosen. Das muss man doch auch irgendwie spüren, dass das zu viel und zu fremd ist. Okay, 80 Millionen Deutsche geben für den Tourismus exakt so viel aus wie eine Milliarde Chinesen. Aber wir haben uns an den Frühstücksbuffets gekloppt, da war keine Zeit, eure Sitten und Gebräuche, eure Länder und Politik zu studieren. Merkt ihr das nicht, Flüchtlinge? Dass wir uns wegen euch ständig in Widersprüche verwickeln? Ja, ihr habt nichts. Ist so. Und wir haben es halt schön. Zu Gast bei Freunden, das haben wir nicht nur so gemeint. Das war so. In dem einen Moment war das so! Da haben wir das gespürt. Da ist die Stimmung im Eifer kurz nach oben gepegelt. Aber jetzt spüren wir das halt nicht mehr. Das Gefühl ist weg. Wir sind wieder auf Normalnull. Da kann man nichts machen.

Ich wüsste Ali Reza auf seine Frage, weshalb ein Mensch auf der Welt ist, wenn es keinen Platz für ihn gibt, zu antworten: Solange ich hier bin und Platz habe, hast du auch Platz. Hast du keinen, habe ich keinen. Das ist das Gesetz von zivilisierten Menschen. Das muss man nicht kompliziert theoretisieren und noch ein Gedicht lesen und noch eine Statistik aufsagen. In meiner Dachgeschosswohnung mit Blick auf den Französischen Dom zu Berlin ist Platz – und in der kleinen schnuckeligen Maisonette direkt auf meinen Herzkranzgefäßen.

Könnte ich jetzt machen. Appellieren, noch mehr schöne Worte aneinanderreihen, aber wozu? Wenn einer nicht will, dass ein anderer an einem schönen Leben teilhaben soll, kann man sich in Stücke zerreißen, es ändert nichts. Und deshalb geht das so weiter. Das kommt und geht in Wellen. Das ist das Leben. Weiße Tusche auf weißem Papier. Einer muss es schreiben. Also schreibe ich. Ich schreibe im Tief-, Mittel-, Hoch- und Höchstgefühl. Ich schreibe krank und gesund, ich schreibe, weil es viele Arten, das Leben zu leben, gibt. Sprechend, schreibend, schlafend. Schrieb ich eigentlich schon über die Musik? Über die Lyrik? Über die Liebe? Ja, tat ich. In über einem Jahrzehnt schrieb ich über alles. Das ist nichts Besonderes, das gehört zur Jobbeschreibung. Ich habe mir große Mühe gegeben, Ehrenwort. Wo es auch mit weniger Worten gegangen wäre, haute ich besonders gerne auf die Kacke. Auf die Kacke hauen ist eine wichtige Schreibregel. Und da, wo andere sehr viele Worte machten, schwieg ich betont lange. Schweigen, die andere wichtige Regel.

Ich finde, ich habe Sie damit ausführlich auf einen Schwung theatraler Deutschlandbetrachtung vorbereitet, die ich seit 2015 für das Berliner Gorki Theater als Theaterkolumnistin liefere. Hätte mich ein Kiosk fürs Kolumnenschreiben bezahlt, hätte es Kioskkolumnen geheißen, damit Sie auch mal das Prinzip der Gattungsbezeichnung verstehen.

Es ist wie ein Fortsetzungsroman, der zeigt, wie alles anders kam. Wie diese Gesellschaft genau so wurde, wie sie nie sein wollte. Und ein wenig fühlte ich mich während dieser Jahre immer wie dieser Typ oben in der Loge der Muppet Show, aber manchmal auch wie Dorothy Parker, aber ohne den *New Yorker*, die Kohle und die Oscar-Nominierung. Dorothy Parker vermachte ihren Nachlass übrigens Martin Luther King, und auch ich möchte meinen Nachlass an dieser Stelle regeln. Mir ist egal, wer den Papierkram aufbewahrt, aber wehe, irgendein deutscher Fernsehproduzent verfilmt mein Leben mit Moritz

Bleibtreu als junge Mely Kiyak und Natalia Wörner als mich in jetzt. Wenn ich es mir aussuchen dürfte, soll Selma Hayek mich spielen. Aber auf keinen Fall nach der Lee-Strasberg-Methode, wonach der Schauspieler die Rolle fühlen muss, um mit der Figur zu verschmelzen. Ich bin Mely Kiyak. Mich kann man nicht fühlen. Es reicht, mich zu lesen.

Ich kurbele jetzt den roten Samtvorhang zur Seite, Mesdames et Messieurs, bitte lutschen Sie eine Halspastille und versauen Sie dem Sitznachbarn mit ihrem Bronchialtsunami nicht die Vorstellung.

Mely Kiyak, November 2021

Zweiter Teil

Als frisch mandatierte Theaterkolumnistin geht man davon aus, sein Leben künftig mit Schauspielern zu verbringen. Und damit fängt bereits die erste Enttäuschung an. Höfliche Anfrage im Künstlerischen Betriebsbüro, ob man sich mal einen Schauspieler ausleihen und später wieder zurückgeben darf. Das KBB teilt einem mit, Herr Soundso stecke bis dann und dann in der Probe, anschließend in der nächsten Probe, und so geht es den Tag hindurch – insofern, nein, ich hatte noch keine Gelegenheit, mit einem künftigen Theaterstar Unter Den Linden zu flanieren. Alles und jeden bekommt man im Haus tagsüber zu sehen, nur keinen Schauspieler.

Was zeichnet die Theaterkolumnerei aus? Sicher die sorgfältige Dosierung des Fachvokabulars. Was in Österreich »Herr Künstler« ist, ist in Deutschland der »Absolvent der Hochschule für Darstellende Künste«. Folgende Sprachregelung hingegen gilt nationen- und kulturunabhängig: Nie befindet sich ein Schauspieler in der Probe zu Henrik Ibsens Theaterstück *Die Wildente*. Immer muss es heißen »er probiert gerade die Wildente«. Was man nun nicht machen darf, wäre die ridiküle Erwiderung: »Und? Schmeckt's?«

Denke ich über Künstler nach, fällt mir immer Schlingensief ein. Vor langer Zeit, im Jahr 2000, als die rechtspopulistische FPÖ es in die österreichische Regierungskoalition schaffte, ließ Christoph Schlingensief während der Wiener Festwochen einen Container mit Asylbewerbern vor der Oper aufstellen. Dann lud er die Passanten ein, in den Container zu gehen, sich einen Asylbewerber auszusuchen, eine Telefonnummer zu wählen und mit dem Anruf dessen Abschiebung zu beschleunigen. Zwei Tage lang hing über der Theateraktion das Plakat: »Ausländer raus«. Passanten kamen vorbei und ärgerten sich nicht etwa über die FPÖ und den menschenfeindlichen Spruch, sondern darüber, dass der schöne Opernplatz mit den Containerbaracken verschandelt worden sei. Niemand fragte nach dem Schicksal der Flüchtlinge. Immer wieder formierte sich eine erregte Menschenmenge und beschimpfte Schlingensief. Eine ältere Dame brüllte ungehalten: »Du deutsche Sau, du!« In ihrem Entsetzen und Hass auf den Regisseur, als Superlativ aller Superlative und finalen rhetorischen Dolchstoß, schrie die grauhaarige Dame, bevor sie vollends die Fassung verlor, schrill, grell und hysterisch: »Du Künstler!«

Da es sich hier um die Eröffnungskolumne eines besonderen Theaters handelt, kommen wir doch gleich zu dem Thema, über das sowieso gerade alle reden. Nicht »Ausländer raus«, sondern »Ausländer rein«, was offenbar als dermaßen skandalös empfunden wird, dass man sich in der ganzen Stadt einander zutuschelt. »Schon gehört? Ein ganzes Theater mit äh, *diesen Leuten*!«

In den letzten Wochen wurde ich ständig gefragt, was es auf sich habe mit diesem Theater, für das ich künftig als Hausautorin keck und kaltblütig schreiben werde. Versuch einer Antwort: Ich kenne keine deutsche Bühne, die nach einem Ausländer, nämlich Maxim Gorki, benannt ist. Und wo ausländische Etiketten draufkleben, komme ich auf den Plan. Auf Fotos sieht der Russe mit seinem Schnauzer wie mein Onkel aus. Zweitens möchte ich unbedingt dabei sein, wenn das erste Staatstheater Deutschlands mit einem Intendantenduo aus einem schwulen Bayern und einem Türken besetzt wird. Aus Gründen des Datenschutzes darf ich die beiden Attribute den Intendanten nicht zuordnen, es ist sowieso unerheblich, ob Jens Hillje ein Türke ist und Shermin Langhoff schwul.

In Theaterkreisen stellt man sich bereits die nervöse Frage, ob ein solches Haus eine schwule Nina Hoss oder einen türkischen Lars Eidinger hervorbringen kann. Natürlich wird ein solches Theater ein ganz schön anderes Theater sein als alle Theater, die man bislang in Deutschland kannte. Die beiden Intendanten waren noch keine drei Tage am Haus, da wurden in der Theaterkantine am Festungsgraben bereits Bulgur, Schafskäse und Wassermelone serviert. In der Kantine des Berliner Ensembles gibt es nach wie vor Buletten. Im Deutschen Theater habe ich noch nie etwas anderes zu essen bekommen als Brezeln vor dem Theater und Schokolinsen an der Weinbar. Ich denke, deutlicher lässt sich der Clash of Cultures nicht illustrieren.

Eine Beschneidung haben die beiden Intendanten auch schon vornehmen lassen. Das Maxim Gorki Theater heißt nur noch Gorki und an dem bisschen Nachnamen, das dem armen Namensstifter geblieben ist, haben sie sich auch noch vergangen und, als würden sie einem Huhn den Hals umdrehen, das R im Namen verrenkt. Es steht nun spiegelverkehrt. Theater ist nicht nur, wenn abends auf der Bühne ein Stück gespielt wird, mit *diesen Leuten* haste immer Drama.

*W*enn es stimmt, dass Theater vorgetäuschte Wirklichkeit ist, dann ist es eine unglaubliche Leistung, wenn Menschen sich für zwei Stunden in einen Raum setzen, ein Schauspiel anschauen und hinterher nicht sagen: »Alles Lüge. War doch alles nur gespielt.« Vielleicht ist das Seltsamste am Theater, dass man absolut akzeptiert, was man sieht. Wenn ein Baum auf einer Bühne liegt, ein Klavier im Himmel hängt und eine Geranie auf dem Fensterbrett vor sich hin kümmert, kommt niemand auf die Idee, auf die Bühne zu gehen, die Blume zu gießen und den Baum wegzuräumen. Es hat alles seine Richtigkeit. Erst hinterher fragt man sich, stimmt alles, was ich sah und hörte? Warum, wieso, weshalb?

Der Zuschauer beginnt Bezugspunkte im Bühnengeschehen zu seinen Erfahrungen und seiner Wirklichkeit zu knüpfen. Manche Zuschauer drehen schier durch vor Wut, wenn sie etwas sehen, das nicht ihrer Meinung und den Erfahrungen ihrer Welt entspricht. Andere drehen schier durch vor Freude und genießen den süßen Moment, wenn sie die Gelegenheit bekommen, in die Welt des Anderen einzutreten, die gerade nicht ihren Erfahrungen entspricht. Diese Welt, ob bekannt oder unbekannt, ist immer wahr, aber nie wirklich.

Ich rate grundsätzlich: Wer sich nach Wirklichkeit sehnt, sollte aus dem Fenster schauen. Oder ins Aquarium starren und darauf warten, dass zwei Fische sich aus Versehen treffen und ertrinken.

Genauso verhält es sich mit der Frage nach Relevanz. Wenn ein Thema für einen Künstler relevant ist, ist es eben relevant. Ich gehe seit Jahr und Tag in Stücke von Thomas Bernhard und für mich sind seine politischen Erregungen relevant. Zeitgemäß. Wichtig. Ich teile seine Verachtung für bestimmte rechtskonservative Milieus. Dabei erinnere ich mich, wie ich einst mit einem bekennenden Rechtskonservativen in einem Bernhard-Stück saß, der wie ein Tourettler vor Zustimmung aus dem Nicken gar nicht herauskam, weil er nicht begriff, dass Bernhard die ganze Zeit Leute wie ihn meinte. Ich kenne aber auch Menschen, die glauben, weil Bernhard in seinen Stücken gegen Alt-Nazis schießt, seien die Texte nicht mehr à jour, weil die Generation Filbinger so gut wie ausgestorben ist. Höre ich im Radio, wie die Nachrichtensprecherin mit gelangweilter Selbstverständlichkeit vorliest, dass die NPD vorhabe, Migranten »gewaltsam ihrer Staatsangehörigkeit zu entkleiden« und sie anschließend zu »deportieren«, dann ist doch klar, dass die Verhältnisse Bernhard überlebten und nicht umgekehrt.

Was unser kleines sympathisches Familientheater betrifft, sehe ich große Parallelen zwischen meiner Tätigkeit und denen der Künstler. Es geht darum, die Welt in Worten zu behaupten und zu hoffen, sie in einen nachvollziehbaren, unerhört spannenden Zusammenhang gebracht zu haben. Man schreibt, man spielt, man inszeniert und versteckt darin, manch einer etwas geschickter, der andere etwas ungeschickter, sein Anliegen und hofft im Gegenzug auf Verständnis, Gnade oder Zustimmung des Lesers und Zuschauers. Natürlich gibt es immer wieder Künstler, die behaupten, sie täten das alles für sich, aber das ist Blödsinn.

Die Wahrheit ist, dass man Kunst macht, weil es ohne zwar auch ginge, aber schwerer wäre. Und weil man senden möchte. Von der eigenen Welt hinaus, hinein in die Welt eines anderen.

Zwei weitere Anliegen brennen mir im Herzen, die ich der Öffentlichkeit mitteilen muss: Immer, wenn ich in der Gorki-Kantine Kaffee bestelle, ist die Milch im Kännchen vorne an der Kasse leer.

Zweitens: Die Geschlechtertrennung in den Toiletten im Studio Gorki wurde aufgehoben. Dies hat den großen Vorteil, dass geschlechtsverkehrwillige Paare sich künftig nicht mehr den Kopf darüber zerbrechen müssen, auf welcher Toilette sie den Akt der Liebe vollziehen wollen. Hat aber den Nachteil, dass Menschen wie ich beim Betreten des Raumes und Anblick der mit Blumen bepflanzten Pissoirs trotz drängendem Harndrang anschließend nicht Wasser lassen können. Weil man jedes Mal in der Toilettenkabine ins intensive Grübeln kommt, ob es sich bei der Bepflanzung um die botanische Gattung der berühmten Pissnelken handelt.

Oh großer, gütiger Gott im Himmel: Wann beginnt endlich das Zeitalter, in dem man gemütliche Dezember ohne Adventskalender verbringen kann? Egal, wo man sich bewegt, überall soll man ein Türchen öffnen und sich freuen. Heute durfte man sich im Online-Adventskalender von Karstadt einen Coupon für eine »Gratis-Beflockung« herunterladen und in einer Filiale einlösen. Was ist eine »Beflockung«? Abgelaufene Milch, die über einen rieselt? Ach Karstadt, du verrückte alte Verkaufstante! Für ein bisschen mehr Umsatz bist du dir wirklich für nichts zu schade.

Ich bitte alle Theaterkolumnen-Abonnenten, mir keine Adventskalender mehr zu senden. Ich kann die Ankunft des Herrn vom 1.–24. Dezember gerade noch so ohne Türchen-Countdown überleben.

Wäre ich Metzgerin, würde ich täglich bis Weihnachten ein Tierchen öffnen. Und gespannt nachschauen, was sich darin befindet.

Schönen Advent!

PS: Neulich habe ich einen tollen Versprecher gehört. Die Sprecherin im Deutschlandradio Kultur sagte über die Verleihung des Europäischen Fernsehpreises: »Einen weiteren Preis bekam er in der Kategorie Cherie. Ich korrigiere: Regie.«

*A*m Oranienplatz in Berlin-Kreuzberg campieren seit über 16 Monaten Asylsuchende, die unermüdlich für ihre Menschenwürde einstehen und davon erzählen wollen, dass es Lebensumstände gibt, die es erforderten zu fliehen. Alle paar Tage gibt es ein großes Polizeiaufgebot an diesem Platz. Oft weiß man nicht, warum die Polizeiautos dort stehen. Alles ist friedlich und auf einmal rückt die Polizei an. Dabei sind das doch nur Menschen, die von einem Leben träumen, in dem sie die Grenze eines deutschen Bundeslandes überschreiten dürfen. Von Dolmetschern, die ihnen übersetzen, was in den Briefen der Ausländerbehörde steht. Sie wünschen sich, dass ihre Verfahren nicht in die Länge gezogen werden und der Zimmerbelegungsplan im Flüchtlingslager so gestaltet wird, dass

Menschen mit gleichen Sprachen zusammengelegt werden. Außerdem möchten sie selber entscheiden, was sie essen. Asylbewerber sein und selber bei Lidl einkaufen dürfen – das wär's! Im reichsten deutschen Bundesland Bayern bekommen Flüchtlinge über Jahre hinweg Essenspakete mit immer gleichen Lebensmitteln. Die Flüchtlinge vom Oranienplatz Berlin träumen nach erlittenen Schikanen, Vergewaltigung, Vertreibung, Verlust und Schmerz davon, ein einziges Mal als Mensch gesehen zu werden.

Man lernt es nie. Das ist ja das Verrückte. Wir sehen uns als so gebildet und aufgeklärt, dass wir in die Theater und Kinos gehen und enthusiastisch die sozialkritischen Stücke und Filme beklatschen, aber dulden, dass eine Handvoll Flüchtlinge in unserem Land so behandelt werden. Was tun? Ich weiß es auch nicht. Ich schreibe hier nicht als Mahnerin. Ich stehe hier als Beschämte, als Ratlose, als jemand, die sich ehrlich wünscht, dass unsere Kanzlerin ein einziges Mal den Oranienplatz besucht, als Gastgeschenk ein paar Wolldecken und saubere Schlafsäcke mitbringt und ein paar freundliche Worte an diese Menschen richtet. Sie könnte sagen: »Gebt nicht auf. Auch ich glaubte einst an die Revolution. In der Grundsatzerklärung des Demokratischen Aufbruchs hielten wir ausdrücklich den Schutz der Minderheiten fest. Ich bin zwar Pfarrerstochter, aber auf Gott ham wa nu wirklich nicht gewartet.«

$\mathcal{E}$s ist schrecklich modern geworden, als Respektgeste die Formulierung »da zieh ich meinen Hut vor« zu verwenden. Ganz besonders häufig ziehen Menschen in Fernsehformaten, wo sie miteinander im Wettbewerb stehen und gegenseitig die Kleidung oder das Abendessen bewerten müssen, den Hut. Wo der Hut gezogen wird, ist auch das Durchrocken des Dings nicht mehr weit. Neuerdings sprechen sich Menschen Mut zu, indem sie ihr Gegenüber aufmuntern, das Ding zu rocken, woraufhin der zum Rocken des Dings Ermunterte antwortet: Aber ja doch, ich rocke das!

Ich war vor kurzem in der Türkei und verbrachte meine Zeit in einer zentralanatolischen Stadt, wo viele syrische Flüchtlinge auf der Straße leben. Nicht jeder Flüchtling möchte in einem Flüchtlingslager sein, manche suchen ihr Glück auf eigene Faust und schaffen es, auf der Straße zu bleiben und dabei nicht zu sterben. Um als Familienvater oder Familienmutter mit Kindern unter freiem Himmel zu wohnen, muss man starke Nerven haben. Man weiß nie, ob das Erbettelte reicht, um Hunger und Durst zu stillen, Windeln für den Säugling zu kaufen, Wasser für die Körperhygiene zu organisieren.

Beim Anblick von bettelnden Menschen frage ich mich immer, was das eigentlich ist: Menschenwürde. Oft heißt es ja, jemand sei arm oder anderweitig gefangen in seinen Lebensverhältnissen, doch nichtsdestotrotz habe er oder sie seine Würde behalten. Ist es ein Zeichen von Würde, aufrecht auf der Parkbank zu sitzen, nicht dem Suff zu verfallen und alte Zeitungen aufzuheben und sie zu lesen?

In der zentralanatolischen Stadt beobachtete ich folgendes: Männer gingen in Drogerien und kauften Windeln und Damenbinden und übergaben sie syrischen Flüchtlingsfrauen auf der Straße. Passanten kamen mit Wäschepackungen aus der Trockenreinigung und legten den Flüchtlingen ihre Wäsche gereinigt vor die Füße. Mancher stellte Babynahrung auf die Straße oder ein frisches Brot vom Bäcker. So kam mir der Gedanke, dass es möglicherweise gar nicht die Aufgabe des auf der Straße lebenden Menschen ist, seine Würde zu wahren, sondern die Aufgabe des nicht auf der Straße Lebenden, die Würde der Flüchtlinge, Armen und Obdachlosen zu schützen.

Jeden Abend wurde ich Zeuge eines bewegenden Schauspiels. Neben einem Supermarkt war eine kleine freie Stelle. So groß, dass gerade einmal ein Auto dort Platz fände. Die Stelle war uneben und sandig. Immer abends um halb acht ging ein syrischer Vater, ungefähr in meinem Alter, mit seiner Frau und seinen drei kleinen Kindern an diesen Ort. Sie stellten ihre Plastiktüten ab und legten Decken auf den Boden. Dann bettete der Vater zwei seiner Kinder auf die Matten, deckte sie mit einer weiteren Decke zu und setzte sich zwischen sie. Seine rechte Hand ruhte auf dem Bauch des einen Kindes und seine linke Hand auf dem Bauch des anderen. Er summte eine Schlafmelodie. Die Mutter indes säugte das Baby. Punkt acht lagen die Kinder im Bett – wenn man das so ausdrücken will. Es war so indiskret, fast intim, dieser Familie dabei zuzuschauen, wie sie ihre aus der Heimat mitgebrachte familiäre Ordnung trotz Armut und Flucht beibehielten. Vor ihnen lag ein Schild. Darauf stand auf Türkisch: »Wir kommen aus Syrien und sind in einer misslichen Lage. Bitte helfen Sie uns.«

Selten bin ich einem so eleganten Paar begegnet wie diesen beiden erwachsenen Menschen, die ihre ausgemergelten und schmutzigen Kinder auf der Straße zur Nachtruhe betteten und ihnen Geborgenheit und Schutz gaben, während nebenan Erwerbstätige rasch nach Feierabend ihre Einkäufe erledigten. Selten war ich so erschüttert, bis ins Mark getroffen und beschämt, und – was sollte ich machen – unsere Blicke trafen sich, ich zog den Hut, sie rockten das Ding, ich grüßte freundlich und ging ins Hotel schlafen.

Ich merke, je älter ich werde, desto weniger vertrage ich diese Kontraste. Zurückgekommen nach Deutschland schaute ich nach einer ganzen Weile wieder Fernsehen und dröhnte mich mit allem möglichen TV-Schrott zu, nur um mir selbst zu bestätigen, wie blöd das alles ist. Dort diese komischen Fernsehformate, wo man mit fremden Menschen zusammentrifft, um sich von ihnen bekochen und benoten zu lassen. Oder in einer Gruppe die sagenhafte Aufgabe bewältigen muss, sich für 500 Euro innerhalb von vier Stunden eine Garderobe zum Thema »Kleide dich für den *red carpet*« zu kaufen, während der Rest der Gruppe die Wohnung durchstöbert. Eben noch Zeugin von Krieg, Flucht, Vertreibung, Armut, und nun vulgärdekadente Unterhaltung. Es ist wirklich eine Leistung, privilegiert zu sein und die Gleichzeitigkeit von Leid und Lächerlichkeit auszuhalten. Ein *chapeau* an uns alle.

*E*s war im August 1915. Der eifrige Gouverneur von Diyarbakır, Dr. Reşid Bey, telegrafierte nach Istanbul, dass es ihm gelungen sei, 126 000 Christen aus dem türkischen Diyarbakır nach Nordsyrien zu deportieren. Er benötigte für die Aktion bloß drei Tage. Um diese Jahreszeit kocht Diyarbakır vor

Hitze und wer tagsüber etwas Abkühlung benötigt, kann in den Steingemäuern der Karawanserei einen Tee trinken. Vali Dr. Mehmed Reşid Bey war von Beruf eigentlich Arzt und gebürtiger Tscherkesse. Man konnte über ihn sagen, was man will, fleißig war er. Das ganze Jahr hindurch tötete er unermüdlich Menschen. 700 Christen auf einen Streich in Mardin, ein paar im Vorbeigehen irgendwo. In historischen Dokumenten französischer Diplomaten liest man über Dr. Reşid Wörter wie »abschlachten« und »Bluthund«.

Diyarbakır ist berühmt für seine Wassermelonen. Die Sorte, die dort wuchs, war im August eigentlich noch nicht reif, sondern erst im September. Und so trauten die übrig gebliebenen Menschen ihren Augen nicht, als sie sahen, wie im Tigris Wassermelonen schwammen. Erst bei genauerem Hinsehen erkannte man, dass es sich um abgeschnittene Köpfe handelte. So erzählen es sich die Alten in Diyarbakır.

126 000 Menschen, egal ob religiös oder nicht, hatten allesamt eine Gemeinsamkeit. Sie waren Christen. Und sie waren erfolgreich. Erfolgreich im Handel, erfolgreich im Parlament, sie waren Handwerker, Schmiede, Apotheker und sie wurden im osmanischen Reich zunehmend gehasst, verachtet, verfolgt, verbrannt, ihre Dörfer wurden dem Erdboden gleichgemacht.

Nur wenn man das weiß, versteht man, warum es so leicht war, 126 000 Menschen aufzufordern, sofort ihre Heimat zu verlassen. Weil sie schon seit Monaten, ach was, seit Jahren und Jahrzehnten sahen, wozu ihre muslimischen Nachbarn in der Lage waren: zuzusehen und zu schweigen. Die Christen versammelten sich vor den Toren Diyarbakırs und traten ihren Marsch nach Nordsyrien an. Zuvor aber kamen noch Bewohner des

Landstrichs und nahmen den Vertriebenen, was sie selbst noch meinten gebrauchen zu können. Kinder, Schmuck, Kleidung. Manch einer vergewaltigte noch schnell eine Frau.

In historischen Dokumenten tauchten nach 1915 immer wieder Zahlen auf, die von 2,5 Millionen vertriebenen, ermordeten, auf der Vertreibungsroute zusammengebrochenen Christen sprechen. Dr. Reşid Bey ist seiner Verurteilung durch Flucht und Selbstmord entkommen, wie viele andere Täter auch. Für die Überlebenden und ihre Nachfahren ist es bis heute nicht möglich zu erfahren, aus welcher Familie sie kommen, wer für die Deportation oder Tötung ihrer Vorfahren verantwortlich war und was mit dem Familienbesitz geschah.

Nun gibt es Menschen, für die die Frage, ob es sich bei diesen Taten um einen Völkermord handelt, überlebenswichtig scheint. Zum Beispiel Professor Hakkı Keskin, ehemaliges Mitglied der SPD und ehemaliger Bundesvorsitzender der Türkischen Gemeinde in Deutschland, lange Mitglied von Die Linke, für die er auch schon im Bundestag saß, außerdem Hochschulprofessor einer deutschen Universität. Wann immer der Abgeordnete Keskin den Begriff »armenischer Völkermord« hört, schreibt er Briefe, in denen er um Begrifflichkeiten kämpft, als ginge es darum, Menschenleben zu retten.

Im Gorki Theater wurde im Februar 2015 das Musiktheaterstück *Dede Korkut – Die Kunde von Tepegöz* von Marc Sinan und den Dresdner Sinfonikern aufgeführt. Die Künstler verstanden die Kunde von Tepegöz als Gleichnis über die Schwierigkeit des Menschen, mit unlöschbarer Schuld umzugehen. In dem Stück selbst wurde eine Interviewpassage der türkischen Gegenwartsautorin Sema Kaygusuz eingeblendet, die vom Tepegöz des 15. Jahrhunderts eine Parallele zu 1915 zog und darin »ein Bild für die heutige Türkei ohne Gedächtnis« sah. Eine offizielle Türkei, die in Abwehrhaltung zu den von ihr begangenen Massakern an den Armeniern oder an den Kurden spricht.

Hakkı Keskin schrieb noch vor der Aufführung eiligst einen Brief, der das Gorki über Umwege erreichte. Darin konnte er sich die in seinen Augen »grobe Instrumentalisierung« dieses Theaterstückes nur so erklären, dass es sich um ein Machwerk von armenischen Lobbyisten handeln müsse, die einem bei jeder sich bietenden Gelegenheit ihre »eingefrorene Haltung« zu 1915 aufoktroyierten. Ein weiterer, von irgendeiner aserbaidschanischen Lobbyvereinigung verfasster Brief reagierte sogar »mit Entsetzen« auf Sema Kaygusuz' Zitat. Der Brief ist lang und wirr und hektisch verfasst – vielleicht sogar von Hakkı Keskin selbst geschrieben, denn wer schon einmal Briefe von ihm gelesen hat, weiß, dass das seine stilistischen Merkmale sind, es wimmelt nur so von Begriffen aus dem Wörterbuch der Wehleidigkeit: befremdlich, diskriminierend, bedauerlich, beleidigend …

Keskin ist übrigens auch Mitglied der Lobbygruppe: »Türkisch-Aserbaidschanische Vereinigung in Deutschland e. V.« Beide Nationen verbindet, dass sie im Konflikt um die unabhängige Bergkarabach-Region im Kaukasus im Kampf gegen Armenien stehen. Die überwiegende Mehrheit der Bewohner Bergkarabachs sind Armenier.

Fast zeitgleich wollte das Stadttheater in Konstanz den Roman *Das Märchen vom letzten Gedanken* von Edgar Hilsenrath in der Regie von Mario Portmann auf die Bühne bringen. Der Roman behandelt die Deportation der Armenier aus der Türkei. Wieder ging es bei der anschließenden Reaktion um die Verwendung eines Wortes auf der Homepage des Theaters. Der Generalkonsul der Türkei, Serhat Aksen, beklagte in einem Brief, dass bezüglich der Ereignisse von 1915 der Ausdruck »armenischer Völkermord« verwendet wurde. Das sei nicht rechtens, so Aksen, denn ein Völkermord stelle eine Straftat dar und die Türkei habe niemals von einem zuständigen Gericht ein solches Urteil erhalten. (Wer, so frage ich mich, wäre eigentlich das zuständige Gericht? Ist sein Sitz in der Türkei, in Armenien, in Den Haag?) Weiterhin fordert der Generalkonsul, dass vor jeder Aufführung sein Brief verlesen und auch auf der Webseite des Theaters veröffentlicht werde. Diesem Wunsch ist das Theater umgehend gefolgt. Wer sich zu dem Stück informieren möchte, findet den Brief des Generalkonsuls auf der Seite des Konstanzer Theaters. Die Reaktion der Armenischen Gemeinde Baden-Württemberg zu dem Vorgang findet sich bedauerlicherweise nicht auf der Homepage.

Es nützt alles nichts. Wir, die wir Wurzeln in der heutigen Türkei haben und in Deutschland leben – ausgerechnet dem Land, das sich den Völkermord an den Armeniern zum Vorbild nehmend seine jüdische Bevölkerung ausgelöscht hat und dem grausamsten Täter des armenischen Völkermords, Talât Pascha, in Berlin Unterschlupf und Schutz bot –, müssen ruhig und besonnen den Hass und Zwietracht säenden Menschen entgegentreten.

Wir haben in den Dörfern gelebt, in denen erst Christen, dann Aleviten, später Kurden vertrieben und getötet wurden. Wir kennen das Verleugnen und Aufbäumen in all seinen

Sprachen, Dialekten und Facetten. Die frechen und vorlauten Äußerungen der feinen Herren in den Generalkonsulaten. Wir kennen die Drohungen und Beschimpfungen der Herren, die ihre Nation, ihr Blut und ihre Ehre notfalls bis zum letzten Atemzug, mit Schwertern oder Leserbriefen, verteidigen, zur Genüge.

Doch wir kennen auch das beschämte Schweigen der Überlebenden und ihrer Kinder und das beschämte Schweigen der Nachfahren, die wussten, dass ihre Großeltern tatenlos zusahen.

He, ihr Herren in den Generalkonsulaten und Lohnempfänger des türkischen Staates, die ihr bezahlt werdet als Unruhestifter: Nennt das, was passiert ist, wie ihr wollt. Sagt, dass eine halbe, eine ganze oder zwei Millionen Menschen 1915 ihre Heimat verließen, weil sie ein wenig spazieren gehen wollten, nennt es Holocaust oder Genozid oder Vertreibung oder Auslöschung oder einfach einen moralischen Totalausfall, nennt es, wie ihr wollt, es spielt keine Rolle mehr.

Wenn ich hier sagen kann, dass ich meine Freundinnen und Freunde liebe, deren Eltern ihnen noch heute sagen »Halte dich von Kurden fern, halte dich von Armenien fern, halte dich von Aleviten fern, halte dich von Kopftuchmädchen fern, von Moslems, fern von Christen oder fern von Juden!«, wenn ich weiß, dass die Eltern meiner Freunde faschistisch oder nationalistisch oder islamistisch oder rechtsnationalistisch oder irgendwas wählen und ich mit diesen Frauen und Männern trotzdem verbunden und verwoben bin und in meiner Küche am Tisch sitzen kann, dann sage ich es gerne noch und noch mal:

He, ihr Friedensverhinderer und Geiferer! Eure Zeit ist abgelaufen. Eure Worte sind abgenutzt. Eure Kämpfe längst verloren. Ihr wollt einen Keil zwischen uns treiben, ihr wollt, dass wir denken, lügen, verleugnen und hassen, wie ihr es tut. Diesen Gefallen können wir euch leider nicht erfüllen.

Euer Gift erreicht uns nicht.

Vor einigen Wochen war im Gorki-Foyer der aus Ägypten eingewanderte Anti-Islam-Aktivist Hamed Abdel-Samad zu Gast. Er war auf Einladung von Jakob Augstein gekommen, der regelmäßig eine Gesprächsreihe namens »Freitag Salon« veranstaltet.

Bei dem Gespräch ging es, wie immer, wenn Abdel-Samad zu Gast ist, um sein Lebensthema. Den Islam. Vielleicht sollte man präzisieren. Natürlich geht es nicht um *den* Islam, sondern um Abdel-Samads Interpretation, wonach es ein faschistischer Islam sei.

Nun wäre es natürlich interessant, den Faschismus einmal in seinen unterschiedlichen Ausprägungen zu beleuchten, also den italienischen Faschismus, den deutschen Faschismus, den neoungarischen Faschismus und den islamischen Faschismus und so weiter. Aber damit ginge es um bestimmte Gruppen, die den Faschismus als Ziel anstreben. In Abdel-Samads Welt geht es aber eben nicht um die Extremisten, sondern um die ganz normalen Leute, die dem Islam angehören. Zwar sagt er vor jeder Rede, es gebe einen großen Teil von gläubigen, recht-schaffenen Muslimen, die in Ordnung seien, ihre Religion aber trage faschistische Züge.

Da ist man doch ganz schön beeindruckt von eineinhalb Milliarden Moslems. Die blättern den ganzen lieben Tag lang (die frommen unter ihnen fünfmal täglich) in ihrem faschistischen Koran und bleiben trotzdem friedlich. Hätten nicht eineinhalb Milliarden Muslime auf einen Schlag den Friedensnobelpreis verdient? Immerhin leben die ihr Leben lang mit einem Buch in der Tasche, das eine faschistische Lebensweise predigt und sie permanent auffordert, in den Krieg zu ziehen, und was machen die Muslime? Bleiben zu Hause oder gehen arbeiten.

Gestern Abend sah ich im gebührenfinanzierten Ersten Deutschen Fernsehen die Talksendung Maischberger, in der Abdel-Samad zu Gast war. Um ihn herum wurden ein paar Gäste drapiert. Es ging auch da wieder darum, dass Abdel-Samad oft genug die These vom faschistischen Islam wiederholen sollte, in der Hoffnung, dass einem der anderen Leute der Kragen platzt, weil das immer so lustig anzusehen ist, wenn ein Islamkritiker, zwei hübsche Frauen und ein Bärtiger übereinander herfallen.

Nun also gut, ich bin bekehrt. Ich akzeptiere, dass eineinhalb Milliarden Muslime eine Bedrohung für die christliche Welt sind. Abdel-Samad hat als ehemaliger Islamist (er war Mitglied der Muslimbruderschaft) den Koran sicher öfter gelesen als ich, also glaube ich ihm und folge seinen Thesen wie ein Salafist den Worten des Propheten. Folgerichtig schlage ich vor, dass wir die Muslime schnellstens aus Europa rausbekommen. Beziehungsweise wegmachen. Weil, wie will man es sonst tun? Man kann schließlich nicht jedem Moslem einen deutschen Verfassungsschützer an die Fersen heften. Ich denke, man sollte die Muslime töten. Wenn Muslime es wirklich zu nichts bringen, das hat Abdel-Samad nämlich vor einigen Jahren zu seinem letzten Buch lauthals auf einem Podium vertreten (»Was hat der Islam hervorgebracht, nennt mir eine bahnbrechende islamische Erfindung! Nennt mir einen islamischen Nobelpreisträger!«), sollte man konsequent handeln. Wenn der Islam faschistisch ist, dann sind Muslime Faschisten.

Wie wir seit einigen Jahren schon so offen und tabulos im öffentlichen Raum miteinander reden und streiten, sollten wir auch den letzten Schritt gehen und ernsthaft den Exodus der Muslime zumindest als Gedankenexperiment wagen. In Europa gewinnen nur jene (christlichen) Parteien, die Juden oder Muslime oder Roma nicht in ihrem Land haben wollen. Große Teile des Volkes sehnen sich nach einer großen Aufräumaktion.

Könnte mir vorstellen, dass auf dieser Welt niemand einen Aufstand wagen wird, wenn man beginnt, die Muslime zu vernichten. In der Türkei und in Deutschland war nach den politisch motivierten Völkermorden an Christen und Juden einige Jahrzehnte Ruhe im Karton. Ist zwar viel Aufwand, gemessen an wenigen Jahren Ruhe im Karton, aber kurzfristig hat es funktioniert.

Muslime können offenbar nicht friedlich mit Christen leben. Ihre Religion, Kultur, Gebräuche und Weltanschauung sind geprägt von Demokratiefeindlichkeit. Wir reden in Europa seit Jahrzehnten über den Islam, die Muslime und die daraus resultierenden Gefahren. Wie lange will man noch reden? Wie viele »Freitag Salons« durchführen? Wie viele »Maischberger«-Sendungen senden. Wie viele AfDs, Lega Nords, Front Nationals, Jobbiks und so fort gründen? Das Problem mit dem Islam scheint wirklich unüberwindbar.

Fangt an. Tötet sie.

Zu Ehren Thomas Bernhards, der vor 25 Jahren starb, hat der Suhrkamp Verlag ein kleines Büchlein mit dem Titel *Thomas Bernhard für Boshafte* herausgebracht.

Natürlich klingen Bücher mit Titeln wie »Ionesco für Eilige« oder »Tolstoi für Tussis« reichlich albern, weshalb sich »Bernhard für Boshafte« zunächst schrecklich anhört, aber, oh Gott, liest sich das herrlich! Das Büchlein versammelt Schimpfonaden und beginnt mit einem Zitat aus *Verstörung*: »Die Katastrophe fängt damit an, dass man aus dem Bett steigt.«

Es soll immer noch Menschen geben, die nie eine Zeile von Bernhard gelesen haben. Ich beneide diese jungfräulichen Leser. Sie haben unendlich derbe, komische Momente vor sich. Sie werden vor Wut geifernde, widerliche, ungehaltene Figuren kennenlernen. Labile Gemüter sollten die Finger von Bernhard lassen, sein Werk wäre Perlen vor die Säue nervöser Seelen. Wer aber unerschrocken ist und die Boshaftigkeit als ehrlichste Form der Zärtlichkeit dem Leben gegenüber begreift, möge sofort Bernhard lesen. Genug der Worte. Zu seinem Jubiläumstodestag schenke ich mir und allen schreibenden Kollegen folgende kleine Betrachtung aus *Thomas Bernhard für Boshafte*. Die Textstelle stammt aus *Alte Meister* und handelt vom 82-jährigen Musikkritiker Reger, der eine einzige Sinfonie des Schimpfens und Meckerns abseiert:

Und dann machen diese Schriftsteller sogenannte »Lesereisen« und reisen kreuz und quer durch ganz Deutschland und durch ganz Österreich und die ganze Schweiz und sie lassen kein noch so stumpfsinniges Gemeindeloch aus, um aus ihrem Mist vorzulesen und sich feiern zu lassen, und lassen sich ihre Taschen mit Mark und Schillingen und mit Franken vollstopfen, so Reger. Nichts ist widerlicher als eine sogenannte »Dichterlesung«, sagte Reger, mir ist kaum etwas verhaßter, aber alle diese Leute finden nichts dabei, überall ihren Mist vorzulesen. Keinen Menschen interessiert im Grunde, was diese Leute sich zusammengeschrieben haben auf ihren literarischen Beutezügen, aber sie lesen es vor, sie treten auf und lesen es vor und machen einen Buckel vor jedem Stadtrat und vor jedem stumpfsinnigen Gemeindevorstand und vor jedem germanistischen Maulaffen, so Reger. Sie lesen von Flensburg bis Bozen ihren Mist vor und lassen sich ohne geringste Skrupel auf schamlose Weise aushalten. Es gibt nichts Unerträglicheres für mich als eine sogenannte Dichterlesung, sagte Reger, es ist abstoßend, sich hinzusetzen und den eigenen Mist vorzulesen, denn nichts anderes lesen ja alle diese Leute vor, als Mist. Wenn sie noch recht jung sind, geht es ja noch, sagte Reger, aber wenn sie älter sind und schon in die Fünfzig gehen und darüber, ist das nur ekelerregend. Aber gerade diese älteren Schreiber lesen ja, sagte Reger, überall vor und sie steigen auf jedes Podium und sie setzen sich an jeden Tisch, um ihren Gedichtemist vorzutragen, ihre stumpfsinnige senile Prosa, so Reger. Selbst wenn ihr Gebiss keines ihrer verlogenen Wörter mehr in der Mundhöhle halten kann, steigen sie auf das Podium gleich welchen Stadtsaales und lesen ihren scharlatanistischen Blödsinn, so Reger. Ein Sänger, der Lieder singt, ist ja schon eine Unerträglichkeit, aber ein Schriftsteller, der seine eigenen Erzeugnisse zum besten gibt, ist noch viel unerträglicher, so Reger. Der Schriftsteller, der ein öffentliches Podium besteigt, um seinen opportunistischen Mist vorzulesen, und sei es selbst in der Frankfurter Paulskirche, ist ein miserabler Schmierenkomödiant, sagte Reger.

Ist das nicht ganz, ganz toll?

Wer Literatur an einem italienischen, amerikanischen oder niederländischen Institut studiert, wird am Ende seines Studiums ungefähr ein ähnliches Repertoire an Büchern kennengelernt haben. Dieser Kanon wird »Weltliteratur« genannt. Weltliteraten sind meistens tot. Neben der »Weltliteratur« gibt es noch die »Literaturen der Welt«. Damit sind jene Literaturen gemeint, die nicht zum westeuropäischen und amerikanischen Kanon gehören. Also auf Senegalesisch schreibende Autoren. Uiguren, Iraker und so. Es ist wie mit den Museen. Kunst von »normalen« europäischen Künstlern wird in den staatlichen Kunsthallen gezeigt. Kunst aus Afrika wird im Völkerkundemuseum ausgestellt. Ein Afrikaner, der seinen afrikanischen Staat nicht verlassen konnte, um Absolvent einer angesehenen Londoner Kunstakademie zu werden, muss sich mit der Aussicht begnügen, in der ethnologischen Sammlung verwahrt zu werden.

Im deutschen Literaturkontext gibt es eine weitere Kategorie. Die »Migrantenliteratur« beziehungsweise die »Literatur der Migranten«. An sich ist nichts schlimm an der Migrantenliteratur, nur zählt dazu in Deutschland so ziemlich jeder Autor, der in seinem Leben etwas hin- und hergereist ist, kein deutsches Blut zurück ins zwölfte Glied seiner Genealogie vorweisen kann und sich zu keiner christlichen Kirche bekennt. Seine Literatur wird immer als Sachbuch gelesen und auf gesellschaftspolitische Verwertbarkeit abgeklopft. Dann werden die Romane und Erzählungen daraufhin überprüft, ob die darin geschilderten Verhältnisse realistisch und kritisch dargestellt sind. Ästhetik, Sprache, Stil, alles Nebensache. Wer einmal in der Schublade der Migrantenliteratur landet, kommt da nie wieder heraus.

Das ist wie mit dem Ebolavirus. Mit dem, der es hat, will man besser nichts zu tun haben. Würde Martin Walser auf einem Migrantenliteraturfestival auftreten wollen? Ich denke, er würde sagen: »Was habe ich, Martin Walser, mit Migrationsliteratur zu tun? Ich bin ein Heimatschriftsteller vom Bodensee.«

Migrantenliteratur ist die unansehnliche, pummelige Cousine aus dem Zonenrandgebiet der echten deutschen Literatur. Für Migrantenliteratur gibt es eigene Preise auf dem Literaturmarkt. Der Bekannteste ist der Inklusionsoscar unter den Literaturpreisen. Der Integrationsbambi heißt Adelbert-von-Chamisso-Preis. Normale deutsche Autoren bekommen den Deutschen Buchpreis. Migrantenautoren die Paralympic-Trophäe für Prosa, den »Adelbert von Chamisso« für Außerirdische. Normale Deutsche schreiben deutsche Romane. Autoren mit Schriftstellerhinter- und Migrationsvordergrund schreiben Migrationsgeschichten. Die beiden berühmtesten deutschen Literaturnobelpreisträger Deutschlands sind übrigens Migranten, die berühmt geworden sind mit ihren Erzählungen über Migration, aber die Gnade ihrer deutschsprachigen Herkunft verschonte sie vor dem Begriff Migrantenerzähler. Ihre Namen: Herta Müller und Günter Grass.

Bald ist es wieder so weit. Die Schwedische Akademie aus Stockholm wird den diesjährigen Nobelpreisträger für Literatur bekannt geben.

Sigrid Löffler, eine österreichische Kritikerin mit Lektürehintergrund, hat sich von diesen Kategorien frei gemacht und das Buch *Die neue Weltliteratur und ihre großen Erzähler* herausgebracht. Es handelt sich um eine Sammlung von Aufsätzen über bedeutende Autoren, deren Biografie nicht ausschließlich einem Land, einer Kultur oder einer Sprache zuzuordnen ist. Es ist wie bei mir und vielen anderen Autoren auch. Die Sprache, in der ich mich am lustigsten unterhalten kann, ist nicht die Sprache, die ich zum Schreiben lustiger Texte verwende. Als ich noch studierte, schrieb ich Gedichte in der Sprache, in der man mich zu Hause ansprach, und übersetzte sie ins Deutsche. Meine Biografie ist auf so viele Kulturen und Muttersprachen verteilt, dass es falsch wäre, mich so oder anders zu bezeichnen. Ähnliches gilt für Monica Ali, Salman Rushdie, Gary Shteyngart oder Michael Ondaatje. Diese Autoren übrigens werden in Amerika und England nicht als Schriftsteller mit Migrationshintergrund bezeichnet, sondern als Schriftsteller.

Wenn man bei Wikipedia Jeffrey Eugenides nachschlägt, steht da »US-amerikanischer Autor«. Wenn man sich jedweden deutschen Artikel über Eugenides durchliest, begegnet einem nach zwei Zeilen der Hinweis »Eugenides hat irische und griechische Vorfahren«. Ohne das geht es für viele deutsche Rezensenten nicht. Die Herkunft, wie man heute elegant zur Abstammung sagt, soll unbedingt mitgelesen werden. Obwohl für den Leser eines Liebesromans möglicherweise viel wichtiger zu erfahren wäre, ob der Autor, während er das Buch schrieb, gerade liebte oder nicht.

Die gleiche Etikettierungsmalaise gilt auch für das Theater. Die Vorsilbe Migration nervt in all ihren Facetten. Weil der Begriff häufig ungenau oder gar gleich falsch verwendet wird und tonnenschwer an den Füßen der Künstler hängt. Hier soll eine Abweichung markiert werden, die doch längst zur Normalität geworden ist.

Dass Weggehen und Ankommen eine Inspirationskraft ist, eine Medaille, die man vom Leben umgehängt bekam, weiß nur, wer sie um den Hals trägt. Sigrid Löffler hat mit dem Begriff »Neue Weltliteratur« die feuchtmuffige Gattung der Migrantenliteratur ein für alle Mal abgelöst. Und was für die Literatur gilt, könnte auch im Theater gelten. Es gibt kein Migrantentheater, sondern allenfalls das Neue Welttheater und ihre Erzähler. Aber eigentlich braucht es alle diese Worte nicht. Zeitgenössische Kultur trifft es doch am besten.

*D*er Schwerter Bürgermeister Heinrich Böckelühr, Parteimitglied der CDU, hatte die Idee, die 21 seiner Gemeinde zugeteilten Flüchtlinge in einem ehemaligen Konzentrationslager unterzubringen. Da sich weit und breit kein Platz für die Schutzsuchenden fand, fiel ihm das Konzentrationslager Buchenwald ein beziehungsweise seine Außenstelle in Schwerte-Ost. Zwar liegt es von der Innenstadt 40 Gehminuten entfernt und laut ist es im Industriegebiet auch, als Asylunterkunft war es in seinen Augen trotzdem bestens geeignet.

Wenn die Flüchtlinge auf dem Gelände spazieren gehen, werden sie ein Denkmal entdecken. Eine am Boden liegende Skulptur, die auf ein Stück Schienen zeigt. Unter den Schienen liegen nackte, ausgemergelte Körper, ihre Gesichter sind zum Schrei verzerrt. Das Kunstwerk erinnert an die polnischen Zwangsarbeiter, die in diesem Lager lebten.

In der lokalen Berichterstattung war die Rede davon, dass die ersten elf Bewohner bereits eingezogen seien, die anderen sollten folgen, wenn die KZ-Baracken fertig renoviert sind.

Ich sah Fotos der Unterbringung. Es ist eine Bruchbude.

Man schämt sich doch in Grund und Boden. Es gibt in Deutschland und dem übrigen Europa so viele vorzüglich und liebevoll erhaltene Konzentrationslager. Wir aber bringen die Flüchtlinge in heruntergekommenen KZs unter. Diese Woche war der Gedenktag zur Befreiung von Auschwitz. Der Schwerter Bürgermeister könnte doch mal bei seinem Amtskollegen im polnischen Oświęcim fragen, ob man im KZ Auschwitz noch wohnen kann.

Im In- und Ausland wurde über Schwerte berichtet: »A German plan. House refugees in an old concentration camp«, hieß es auf NPR, das ist die amerikanische Version des Deutschlandfunks. Die Gemeinde in Schwerte versteht die ganze Aufregung nicht. Die Entscheidung sei mit großer Mehrheit im Stadtrat entschieden worden. »Siebzig Jahre nach dem Zweiten Weltkrieg dürfen die Gebäude nicht tabu sein«, antwortete der Bürgermeister auf die weltweite Kritik. Recht hat er. Was können denn die armen stigmatisierten Gebäude dafür?

Im Berliner Holocaust-Mahnmal darf man weder ausgelassen sein noch picknicken. Auf der Wiese vor dem Reichstag darf auch nicht gefeiert werden. Wegen der Würde des Parlaments, des Gedenkens und so weiter. Ein Konzentrationslager aber hat keine Gedenkwürde, nur eine Vergangenheit. Der Schwerter Bürgermeister findet die Vergangenheit ausreichend aufgearbeitet und verwies auf das Kunstwerk mit der Gedenkschiene.

Da der gesamte Ruhrpott eine einzige stillgelegte Zeche ist, könnte man Flüchtlinge nicht eigentlich auch unter Tage einquartieren? Ist zur Innenstadt zwar immer noch weit, aber dafür gibt es blickdichte Dunkelheit, für die Nächte ein Vorteil.

Vielleicht gibt es stillgelegte Gräber, bei denen das 20-jährige Nutzungsrecht abgelaufen ist. Die Flüchtlinge könnten sich dort hineinlegen. Wer aus einem Kriegsgebiet kommt, wird die Stille zu schätzen wissen. Und wenn die Gefängnisse nicht so überfüllt wären, könnten die Asylsuchenden zu den Kriminellen in die Gitterzelle. Sie wären immerhin in Gesellschaft. Der Hammer für überschuldete und hilfsbedürftige Kommunen wäre natürlich die Mehrzwecknutzung der Leichenkeller in Krankenhäusern. Da steht doch sicher das eine oder andere Kühlfach leer. Mit einer Wolldecke kann man das überleben. Wer sein Zuhause verloren hat, ist gewiss froh über ein Einzelbett. Kommunalpolitik heißt im Wesentlichen querdenken, pfiffig sein. Wenn in einem KZ nicht mehr vernichtet wird, sondern friedlich geschlafen und gekocht, und wenn die Kinder fröhlich spielen, wird es zum ehemaligen KZ mit menschlichem Antlitz.

In Augsburg, so las ich es, werden ähnliche Pläne verfolgt. Flüchtlinge in stillgelegten KZs unterbringen ist das ganz große neue Ding. Wenn die alten KZs irgendwann alle überfüllt sind, könnten wir ja neue bauen. Natürlich keine schrecklichen KZs, sondern schöne. Ob die Flüchtlinge in Schwerte mit Luftballons, Kuchen und einer Grußbotschaft des Bürgermeisters empfangen wurden? »Ein herzliches und warmes Willkommen im ehemaligen Konzentrationslager Schwerte-Ost.«

*I*n jenem Jahr, von dem es hieß, in der Türkei sei die Revolution ausgebrochen, lief ich über die Istanbul Biennale. Ich fand einen kleinen Fernseher mit einem Videovortrag der in meinen Augen bedeutendsten politischen zeitgenössischen Künstlerin dieser Tage, Hito Steyerl. In ihrer *video lecture* verfolgte sie eine Patronenhülse, gefunden im ostanatolischen Van. Genau an jener Stelle hält sie die Hülse in die Kamera, an der sich die Spur ihrer Freundin und späteren PKK-Kämpferin Andrea Wolf 1998 verlor. Ausgehend von dieser Patronenhülse thematisiert Hito Steyerl die Verbindungen zwischen Rüstungsindustrie und Kunstszene. Das Kunstwerk heißt *Is the museum a battlefield?* Ist das Museum ein Schlachtfeld? Dass der Hauptsponsor der Biennale, die Koç Holding, sein Kapital mit Waffengeschäften verdiente, eine Kunstbiennale bezahlte und eine Kuratorin ernannte, die als Oberthema Widerstand im öffentlichen Raum vorgab, war in vielerlei Hinsicht brisant. Im Grunde genommen sicherte jede Patrone, die im innertürkischen Konflikt mit den Kurden abgeschossen wurde, den Broterwerb jedes Künstlers dieser Biennale, ganz gleich, wie sehr dieser die politischen Verhältnisse in der Türkei in seinem Werk anprangerte. Selbst Künstler aus dem Ausland, die meinten, mit dem Konflikt nichts zu tun zu haben, und sich in ihren Werken völlig anderen Themen zuwandten, hatten mit dieser Patronenhülse, mit Hito Steyerl, mit dem Tod von Andrea Wolf, mit der türkischen Armee, der PKK und der Koç Holding zu tun. In den Finanzkreisläufen hinter der Biennale waren Dissidenten und Mitläufer, Künstler und Zuschauer, Täter und Opfer miteinander verwoben. Wer hätte da noch Interesse an einem Ende des Krieges? Eigentlich keiner der Profiteure, zu denen auch die

Künstler zählten, sie bildeten eine Art unschuldiger Mittäterschaft. Die daran anschließende Frage lautet: Kann der Künstler dieses Abhängigkeitsverhältnis überwinden und eine unabhängige, individuelle Kunst schaffen? Und was ist von einer Kunst zu halten, die beispielsweise Gentrifizierung anprangert und dabei verschweigt, dass Ausstellungskosten, Reisebudgets, Hotelunterbringung, Pinsel, Leinwand, Farbe nur deshalb bezahlt werden konnten, weil der Gastgeber durch die Gentrifizierung sein Geld an den Kapitalmärkten verdiente und damit Kunst und Kultur möglich macht?

Auf dieser 13. Istanbul Biennale wurde von den ausstellenden Künstlern um die Vermögensverhältnisse des Gastgebers ein großer Bogen gemacht. Bis auf Hito Steyerl, die dieses Abhängigkeitsverhältnis anhand ihrer eigenen Biografie und ihres künstlerischen Schaffens unerschrocken offenlegte, schwiegen alle anderen. Vielleicht hatten sie auch einfach nicht so weit gedacht.

Steyerls Frage jedenfalls kann man mit einem Ja beantworten. Ja, das Museum ist ein Schlachtfeld. Und das Theater wohl auch. Und die Philharmonie und das Lichtspielhaus.

Durch Vertreibung kann ein Schaden an einer Gruppe von Menschen entstehen und gleichzeitig einer anderen Gruppe ein Vorteil daraus erwachsen. Wir können als Künstler unschuldige Mittäter sein, weil wir uns den Kontinuitäten und Abhängigkeiten nicht entziehen können, obwohl wir politisch auf der Seite des Guten sind.

Ein besonders paradoxes Beispiel für profitable Gedenkkultur ereignete sich vor einigen Jahrzehnten.

Zur Degussa AG zählt die Tochterfirma Degesch. Mit deren

Schädlingsbekämpfungsmittel ZyklonB wurden in Auschwitz 1,1 Millionen Juden umgebracht. Nach dem Krieg hat die Bundesrepublik Deutschland ein Mahnmal exorbitanter Größe mitten in Berlin aufgebaut. Als Erinnerung an und Zeichen der Scham für Millionen von Opfern, die durch dieses Gift umkamen. Die Stelen des Kunstwerks wurden mit einem besonderen Überzug vor Schmierereien geschützt. Den Anti-Graffiti-Schutz lieferte ausgerechnet Degussa und profitierte ein zweites Mal vom Holocaust. Still und heimlich verdiente natürlich noch jemand an diesem Kunstwerk. Es war der Künstler Peter Eisenman, der sich vehement dafür einsetzte, die Bauarbeiten forzuführen, als die Öffentlichkeit erregt debattierte, ob das Mahnmal durch die Beteiligung der Firma, die das Tötungsmittel für Juden lieferte, nicht »entweiht« werde. Ist das Holocaust-Mahnmal jetzt belastet? Oder die Reputation des Künstlers?

Ist der Künstler gar ein Lügner? Das Kunstwerk verlogen? Und wären das angrenzende Museum und das Denkmal »ehrlicher«, wenn dieser Teil der Wahrheit offengelegt werden würde?

Ich traf in Diyarbakır, jener Stadt in der Türkei, die mit ihrer Surp-Giragos-Kirche vor 1915 die größte armenische Gemeinde des Nahen Ostens beherbergte, einen Studenten der Architektur. Heute leben in Diyarbakır etwa 55 Armenier. Die Familie des Architekturstudenten ist verarmt. Der gebrechliche Vater rumpelt mit einem ollen Gemüse- und Obstkarren über das Diyarbakırer Altstadtpflaster und verkauft, was seine kranke Frau im Garten anbaut. Vor 1915 waren alle Apotheken in der Hand der Armenier, die Ärzte waren Armenier, im Stadtparlament hielten armenische Bürger ein Drittel der Mandate, die herrlichsten Häuser gehörten den Armeniern, das Handwerk war fest in armenischer Hand. Die Familie des Architekturstudenten kann sich kein Haus in der Altstadt leisten. Sie sind Zugezogene, die nach der Vertreibung irgendwann um 1920 herum in Diyarbakır strandeten. Ich fragte den Architekturstudenten, was für eine Art Architekt er sein möchte. Und er antwortete: »Ich möchte an die Bauweise der alten Armenier anknüpfen und eine Architektur schaffen, die an sie erinnert.« In einem dieser alten armenischen Häuser lebt eine andere Familie, sie sind sunnitische Kurden. Ein Spross der Familie ist ein Dichter geworden. Seine ganze Kraft legt er in den Widerstand gegen die türkische Politik. Er strengt sich an, dass das Leid der Kurden nicht vergessen wird, die Repressalien, die Benachteiligung, die Foltergefängnisse. Angesprochen darauf, dass er in einem alten Haus wohnt, aus dem Armenier vertrieben wurden, schaute er erstaunt und verstand nicht sofort, worauf ich hinauswollte. Ich erläuterte: »Du sitzt in diesem herrlichen Haus und erzählst von der Vertreibung der Kurden aus ihren Dörfern. Wer aber erzählt die Vertreibung dieser Familie, in deren Haus du heute sitzt?« Es erfordert Interesse, Mut und Neugier, die eigenen Verstrickungen als Künstler zu reflektieren. Die Hintergründe, diese und andere Wahrheiten offenzulegen, ist die vornehmste Art, sich mit politischen Katastrophen künstlerisch auseinanderzusetzen.

*I*n »Sternstunde Philosophie« sah ich ein Gespräch zwischen Daniel Barenboim und Barbara Bleisch.

Daniel Barenboim ist ein Pianist und Dirigent aus Argentinien, aber eigentlich wie alle Musiker ein Weltbürger. Gemeinsam mit Edward Said gründete er das West-Eastern Divan Orchestra und gilt deshalb seit Jahren als Anwärter für den Friedensnobelpreis.

Barbara Bleisch ist Philosophin und die Moderatorin der Philosophiesendung im Schweizer Fernsehen. In meinen Augen die klügste Gesprächsleiterin im deutschsprachigen Mediengeschäft. Sie hat einen messerscharfen Verstand und ist sehr belesen.

Der Musiker und die Philosophin sprachen über Musik. Es ging ums Zuhören und Verstehen.

Das fand ich sehr sympathisch. Ich gehörte nie zu jenen Leuten, die klassische Musik auflegen und anfangen zu träumen. Mir gelang die Annäherung an Musik immer nur über Bücher, weil in meiner Erziehung die europäische Klassik keine Rolle spielte. Immer las ich erst über einen Komponisten und hörte anschließend sein Werk. So lernte ich ein Orchesterstück zu entziffern. Hörte ich eine Musik oft genug, gelang es mir, das Stück in Gänze zu erfassen und mich nicht mehr nur auf eine Stimme zu konzentrieren. Durch Nachlesen erfuhr ich von der Notwendigkeit von Dissonanz. Dass man erst auflösen kann, wenn man zuvor kompliziertes Chaos gestiftet hat.

Musik ist für mich das höchste, was der Mensch vollbringen kann.

Regelmäßig verbringe ich abends ein paar Stunden damit, Musik zu hören. Nur so gelingt es mir, das Geschehen in eine andere Hierarchie umzusortieren. Was mich eben noch erregte und aufwühlte, nervte oder um den Verstand brachte, gerät durch das Hören von Musik in eine neue Ordnung.

Barenboim und Bleisch landeten während ihrer Konversation bei Martin Buber und seinem berühmten Text *Ich und Du*. Buber beschäftigte sich als Religionsphilosoph mit Orthodoxie und Politik. Unter anderem beschrieb er das Verhältnis vom Ich zu Gott beziehungsweise vom Ich zum Anderen als dialogisches Prinzip. Erst durch die Existenz des Du wird das Ich zum Ich. Und im Weiterspinnen dieses Prinzips landeten Barenboim und Bleisch irgendwie bei dem Gedanken, dass, wenn einer spricht, trotzdem zwei Stimmen existieren, weil auch das Zuhören eine Stimme ist.

Das gefiel mir auch schon wieder so gut. Demnach hätte selbst das Verstummen eine Stimme, nämlich eine ohne Klang, aber trotzdem mit Geräusch.

John Cage hat es in seinem Stück *4'33* vorgeführt. 4 Minuten und 33 Sekunden lang ertönt das Nichtspielen, was etwas anderes ist als gar nichts. Irgendwann, so beschrieb es Cage, hörte er sein Blut rauschen. Als das Stück in New York uraufgeführt wurde, kam es zu einem Eklat. Was wirklich komisch ist. Die Stille provozierte derart, dass die Zuschauer rebellierten, statt zuzuhören und dadurch zu begreifen.

Barenboim erinnerte an Hitlers und Stalins Musikbesessenheit. Der eine hörte Wagner, der andere liebte Mozart. Angeblich fand man neben Stalins Sterbebett eine Aufnahme von Mozarts Klavierkonzert Nr. 20 und Nr. 23 in einer Einspielung von Maria Judina. Spitzfindig, wie man ist, hätte man natürlich gerne nachgefragt: »Hey Hitler und Stalin, ohne 60 Millionen Tote in Europa hätten Mozart und Wagner sicher nur halb so schön geklungen, nicht wahr?«

*W*er sich mit der Vergangenheit beschäftigt, landet unweigerlich in der Gegenwart.

In den vergangenen Jahren konnte man erleben, wie Deutschland einerseits dem Massenertrinken der Flüchtlinge im Mittelmeer zuschaut. Und andererseits nicht müde wird, Deutsche in Nachrichtenmagazinen zu zeigen, die sich völlig freimütig und ohne jede Scham über die Aufnahme von Flüchtlingen in ihrer Nachbarschaft empören. Dabei wird immer das gleiche haarsträubende Argument genannt. O-Ton empörter Anwohner: »Wir wurden völlig überrannt von der Tatsache, dass demnächst ein Flüchtlingsheim in unserer Nachbarschaft eingerichtet wird.«

Seit wann, fragt man sich, ist es in Deutschland ein Menschenrecht geworden, darüber informiert zu werden, wer in die Nachbarschaft einzieht? Ich wurde in meinem ganzen Leben noch nie darüber in Kenntnis gesetzt, wer nebenan im Miethaus einzieht, und eigentlich möchte ich es auch nicht wissen. Wieso muss die Bevölkerung darüber informiert werden, wenn zwei Straßen weiter eine Handvoll Flüchtlinge Unterschlupf finden? Handelt es sich um Ungeziefer oder Atommüll? Zum Schutz der Geflohenen sollte niemals herumerzählt werden, wenn demnächst in einer miefigen Turnhalle zehn Flüchtlingsfamilien übereinandergestapelt werden. Das tut unserer Bevölkerung einfach nicht gut.

Wurden die deutschen Nachbarschaften nach 1990 darüber informiert, als Millionen Spätaussiedler in die Bundesrepublik einwandern konnten? Nein, wurden sie nicht. Die Spätaussiedler kamen, bekamen Wohnungen oder Zimmer in Heimen zugewiesen, außerdem Deutschkurse, deutsche Pässe, denn sie hatten einen Rechtsanspruch darauf. Die heutigen Flüchtlinge haben einen Rechtsanspruch darauf, einen Antrag auf Asyl zu stellen und eine Unterkunft zugewiesen zu bekommen. Warum muss das Recht eines anderen kommuniziert werden? Man ist das saudumme Genöle der besorgten Idioten echt leid. Wenn es irgendjemandem nicht passt, dass armselige 20, 30 oder 60 Geflohene und Gestrandete irgendwo einziehen, dann sollen doch die Alteingesessenen weg. Ich weiß, wovon ich rede. Ich verließ den Prenzlauer Berg, weil ich besorgt bemerkte, wie sich das Hafermilch-Milieu breitmacht. Machte ich deshalb einen Aufstand? Habe ich Bürgerinitiativen gestartet? Habe ich nicht. Stattdessen hielt ich die Klappe und zog weg. Denn Klappe halten und wegziehen ist auch ein Menschenrecht.

Mein Wunsch wäre, dass alle Stadttheater Deutschlands eine Woche lang ihre Bühnen öffnen und sämtliche Flüchtlinge, die sich in der Stadt aufhalten, dort erzählen dürfen, was sie sorgt, was ihnen auf die Ketten geht und was sie uns Deutschen schon immer mal sagen wollten. Es wäre reinigend für die Öffentlichkeitshygiene, wenn endlich einmal die richtigen Menschen ihre Sorgen mitteilen dürften. Ihre Sorge um Sicherheit, weil nachts ihre Heime beschmiert oder angezündet werden. Ihre Sorge um ihre Kinder, die sie draußen nicht spielen lassen, aus Angst, dass ihnen etwas geschehen könnte. Ihre Sorge um ihre Zukunft, weil sie nicht verstehen, warum die Asylanträge so langsam bearbeitet werden. Ihre Sorge um ihre Lieben, die sie daheim lassen mussten.

Dies ist der Kreislauf, in dem wir uns bewegen. Die einen sind besorgt. Und die anderen haben Sorgen.

*I*ch schwor mir, niemals wieder Nachrichten zu lesen, in denen die Worte »Verfassungsschutz« und »LKA« vorkommen. Es bringt einfach nichts. Denn da, wo Licht ins Dunkel gebracht werden soll – was doch zur Hauptaufgabe einer Sicherheitsbehörde zählt –, bleibt es in Deutschland erstaunlich düster. Das lernte ich aus dem NSU-Fall. Wann immer die deutsche Polizei mit Terrorismus zu tun hat, beschleicht einen das Gefühl, man habe es mit einer Paralleljustiz in einer Parallelgesellschaft zu tun.

Ich berichtete eine ganze Zeit lang über die Aufarbeitung des NSU. Ich habe damit aufgehört. Aus vielerlei Gründen. Weil man, um nur ein Beispiel zu nennen, nicht seriös arbeiten konnte. Fehlende Transparenz führte dazu, dass man sich unwillentlich zum Handlanger der Vertuscher und Mauschler macht. Man kann ja nicht selbst ermitteln, sondern muss sich auf Erkenntnisse stützen. Was aber, wenn sich »Erkenntnisse« als manipulierte Informationen herausstellen? Immerzu. In einem fort?

Die PR-Agentur der deutschen Sicherheitsbehörden ist übrigens der Innenausschuss. Wenn der Innenausschuss tagt, heißt es anschließend immer, dass in den Behörden alles tipptopp läuft. Verfassungsschutz, BKA, die verschiedenen Landeskriminalämter sind undurchsichtige Behörden mit eigenen Herrschern, politischen Interessen und Verstrickungen. Das war ja das Horrende am NSU-Bundestagsuntersuchungsausschuss, der die Frage nach der Verantwortung der Behörden aufarbeiten wollte. Das Kontrollgremium wurde permanent an der Untersuchung gehindert, weil immer irgendwer den Schredder anwarf, sobald es interessant wurde. Irgendwann wurde für die dubiosen Machenschaften der Sicherheitsbehörden der Begriff »Eigenleben« erfunden. Eigenleben klingt fast elegant, oder? Ich schloss mit dem Kapitel ab.

Dann geschah der Anschlag auf den Berliner Weihnachtsmarkt und ich verfolgte mit halbem Ohr die Nachrichtenlage. Und dachte: Manometer, das kommt einem doch alles wieder bekannt vor.

Auf dem Breitscheidplatz fuhr ein Lastwagen in die Menge. Es starben Menschen. Dann lief irgendwer einem Ausländer nach, der sich durch Wegrennen verdächtig machte. Dieser Jemand wurde festgenommen und stellte sich als Pakistaner heraus, der in der Berliner Massenunterkunft Tempelhofer Hangar wohnte. Eine Hundertschaft stürmte am Tag darauf den Hangar, um vier Afghanen zu befragen. Warum man eine Hundertschaft braucht, um sich in der Unterkunft ein wenig umzuhören, erschließt sich nicht. Braucht es auch nicht. Die Stürmung sollte signalisieren: Ermittlung läuft auf Hochtouren!

Der Pakistaner jedenfalls bestritt die Tat. Dann – erst dann – kam die Polizei auf die Idee, im LKW Fingerabdrücke zu sichern und sie mit denen des verdächtigten Pakistaners zu vergleichen. Ergebnis negativ. Das vermeintliche Wegrennen des Pakistaners stellte sich im Nachhinein als ein Hinrennen zur U-Bahn heraus. Er war einfach nur in Eile gewesen. In welcher Sprache die Vernehmungen stattfanden, weiß man nicht. Vernehmer und Verdächtiger sprachen nicht die gleiche Sprache, ein Übersetzer war wohl gerade nicht abkömmlich. In den deutschen Medien wurde berichtet, dass der Pakistaner wegen Sexualdelikten aktenkundig sei. Aus den englischen Medien hört man, dass der Pakistaner sich über Misshandlungen in der U-Haft beklagt habe. Die hatten wohl einen Dolmetscher.

Dann denkt irgendwer noch einmal nach, schaut in den LKW und findet – Dasgibtesdochnicht! Was für ein Ermittlerglück!! – die Papiere des Fahrers. Schön aufgeklappt liegt alles da. Also Sachen gibt's. Verrückt, oder?

Dann wird der Besitzer der Papiere zur Fahndung ausgeschrieben. Dann die erlösende Meldung. Ein tapferer italienischer Polizist habe den Besitzer der Papiere, Anis Amri, in Italien gesehen, erkannt und erschossen. Geht manchmal alles ruckzuck.

In der Zwischenzeit: Anis Amris Bruder. Anis Amris Flücht-
lingsstatus. Anis Amris grinst in eine Überwachungskamera.
Anis Amri war in dieser Moschee. Nee, doch in einer anderen.
Anis Amris Uhr, Anis Amris Unterhose, Anis Amri diesunddas.
Wochenlang.

Wie Amri nach Mailand gelang, weiß man nicht.

Dann neue Faktenlage. Amri hatte soundso viele Identitäten.
Woher man das weiß? Weil er lückenlos überwacht wurde. Seit
2015. Angeblich saß er sogar einmal im Auto eines Verfassungs-
schützers. Blöde Panne, nicht wahr? Sagt man doch, »Panne«,
oder? Einmal entwischt und schon einen Anschlag verübt. In
der Zwischenzeit dementierten die Sicherheitsbehörden: Amri
war kein V-Mann. Ach so? Wurde in der Zwischenzeit der Verdacht geäußert. Von wem?

Wie beim NSU. Wirklich exakt das gleiche Szenario. Erst ist
man erstaunt, dass es ihn gibt. Dann kommt raus, dass man ihn
kannte. Dann erfährt man, dass der NSU dummerweise entwischt ist. Dann stellt sich heraus, dass der NSU mit den Sicherheitsbehörden verflochten ist. Dann schnelles Versichern
seitens der Behörden, es handele sich bei keinem der NSU-Mit-
glieder um V-Männer.

In der Zwischenzeit Berichte über Beate. Beates Katzen. Beates
Gymnastikübungen. Beates Kochrezepte. Dann fragt man sich,
ob es überhaupt *dieser* NSU war, der die Leute ermordete, und
ob nicht weitere Täter in Betracht kommen. Dummerweise

sind die beiden mutmaßlichen Hauptterroristen schon tot. Vor den Augen der Sicherheitsbehörden hätten sich Uwe Mundlos und Uwe Böhnhardt im Wohnwagen in die Luft gesprengt.

In Leipzig erhängte sich der mutmaßliche Terrorist Dschaber al-Bakr in seiner Zelle in der U-Haft. Buchstäblich vor den Augen der Justiz. Der Amokläufer aus München tötete sich auch. Vor den Augen der Polizei, die ihn stellte. Der Mann, der in Ansbach im Rucksack eine Bombe mit sich trug – ebenfalls erschossen.

Ist doch schade, dass es kein Terrorist lebend in eine deutsche Gefängniszelle schafft, nicht wahr?

So bleibt stets die offene Frage nach Tatmotiven, Hintergründen, Netzwerken. Sind Böhnhardt und Mundlos der Polizei durch die Lappen gegangen oder gegangen worden? Haben sie sich wirklich selber in die Luft gejagt? Hatte irgendwer in der JVA Leipzig ein besonderes Interesse daran, dass Übersetzer und mutmaßlicher Terrorist nicht zueinander gelangen? Hat sich der Mann wirklich selber erhängt? War Anis Amri der Fahrer am Breitscheidplatz? Lagen Amris Papiere tatsächlich versehentlich in der Führerkabine des LKW? Handelt es sich bei dem in Italien erschossenen Mann um den Amokfahrer vom Breitscheidplatz?

Seit dem Bekanntwerden des NSU – aufgedeckt wurde ja bislang kaum etwas – verfestigt sich der Eindruck, dass wir es mit einem seltsamen Sicherheitsapparat zu tun haben. Zu oft ist irgendetwas im Ungleichgewicht. Beim NSU dachte ich immer, dass ganz bald eine Welle der Rücktritte, der Scham und der Reue folgen würde.

Seinen Sicherheitsbehörden zu misstrauen ist ein katastrophaler Zustand.

Eigentlich gehört sich das in einer Demokratie nicht. Der Staat ist in allen Bereichen ein Teil von mir. Er agiert in meinem Namen, steht in meinen Diensten, wurde von mir mandatiert, wird von meinen Steuergeldern bezahlt. Als Bürger will ich in Fragen der Sicherheit hinter ihm stehen. Angefangen vom Dorfpolizisten bis hoch zum Präsidenten des Bundeskriminalamts oder des Verfassungsschutzes darf es trotz aller politischen Differenzen keinen Zweifel daran geben, dass ich es mit einem integren Apparat zu tun habe.

Ich will das hier nicht als hohlen Verschwörungsmist mit Alufolie auf dem Kopf verstanden wissen. Aber als V-Mann aus dem Bundesamt für Theaterkolumnen mache ich mir halt Gedanken.

*D*ie Nichtmonarchie Deutschland ist gerade das einzige Land Europas, das sich ein Schloss baut. Das deutsche Schloss mit der Premium-Adresse »Unter den Linden« heißt zwar Schloss, ist aber keins. Es ist ein falsches Schloss. Es hat keinen König. Auf absehbare Zeit wird es wohl auch keinen geben. Schon streng architektonisch betrachtet ist es kein Schloss. Bis auf die Fassade, die ein Schloss zitiert, handelt es sich um die typische Bauweise unserer Zeit. Erinnern soll das Schloss an die Brüder Humboldt. Zwei deutsche Gelehrte, die vor 250 Jahren lebten. Der ältere, Wilhelm, war preußischer Politiker und gründete eine Universität und Museen. Der jüngere, Alexander, war ein reisender Forscher und Schriftsteller. Er zog in die Welt, um sie zu ergründen. Das Schloss wird nicht Humboldt-Schloss sondern »Humboldt-Forum« heißen. In der Antike war das Forum der Platz, an dem sich die Bevölkerung traf und Gericht hielt oder Kundgebungen. Ein lebendiger Ort des öffentlichen Meinungsaustausches. Das Humboldt-Forum ist aber kein kostenloser, frei zugänglicher Ort unter freiem Himmel, sondern ein abgeschlossenes Gebäude, in dem weder Gericht gehalten noch Meinung ausgetauscht wird. Es werden Dinge darin ausgestellt. Bei der Kunst, die in diesem Museum ausgestellt werden wird – das aber nicht Museum heißen darf, sondern Forum, und an die Brüder Humboldt erinnern soll, obwohl sich die Brüder Humboldt mit ihrer Universität in direkter Nachbarschaft zum Schloss, mit Museen und Schriften genügend Denkmäler von bleibendem Wert schufen –, handelt es sich um die völkerkundlichen Sammlungen aus dem Museum in Berlin-Dahlem. Die Bestände beinhalten Objekte aus voramerikanischer Zeit, also Kulturgüter der Indianer sowie der Südseekulturen und Kunst des asiatischen und afrikanischen Kontinents.

Wie gelangten diese Kulturgüter in unser Berliner Museum? Auf den für die damalige Zeit üblichen Wegen. Forscher reisten und nahmen mit, was sie fanden. Oder Unternehmer gingen in andere Länder, um Wirtschaft und Handel zu treiben. Gerade in Folge dieser Entwicklung kam es zu Konflikten zwischen den

Neuankömmlingen und den Bewohnern. Daraus entstanden die Kolonialkriege. Die Güter gelangten durch Tauschgeschäfte nach Europa. Oder als Kriegsbeute aus Regionen, in denen Dorfbewohner vertrieben oder getötet worden waren. Das war keine deutsche Spezialität. Die Geschichte der ethnologischen Sammlungen in Europa ist Ausdruck einer Expansionspolitik, die ein bis heute anhaltendes Ungleichgewicht unter den Bevölkerungsgruppen der Welt schuf. Und wir dürfen nicht vergessen: Es handelt sich bei den Exponaten nicht nur um Kochgeschirr irgendeines Naturvolkes oder um Fundstücke archäologischer Grabungen (man stelle sich vor, eine Künstlergruppe aus Tansania komme zur Eröffnung des Humboldt-Forums nach Berlin, fange mitten Unter den Linden an zu graben und nehme mit, was sie fände), nein, es wurden auch Menschen verschleppt. Der Sklavenhandel ist ebenfalls ein Teil der Museumsgeschichte, die nicht abgekoppelt von der politischen Geschichte betrachtet werden sollte.

Noch ist man sehr weit entfernt davon, in europäischen Museen eine Art Stolpersteine zu errichten, auf denen steht: »Das Berliner Ehepaar Goldblatt kaufte Matisse das Bild persönlich ab. Danach wurden die Goldblatts von den Nazis enteignet und vergast. Der Matisse ging im Mai 1940 für 20 Franken in den Besitz der Münchner Familie Gurlitt über. Das Museum bekam das Bild von der Polizei ausgehändigt.«

Das Berliner Schloss ist ein Museum. Im Werbetext zum Vorhaben heißt es, dass das Museum das Verhältnis unseres Landes zur übrigen Welt verhandeln möchte. Dabei fällt einem ein, dass es in Deutschland kein einziges Museum gibt, das die deutsche Kolonialgeschichte erzählt. Was wäre, wenn man das Humboldt-Forum umbenennt in »Museum zur Geschichte deutscher Kriege in der Welt bis zum Ende des Kaiserreichs«? Dann könnte man immer noch genau die Sammlung beherbergen, um die es geht. Außerdem würde man in dem Moment, in dem man das Gebäude betritt, immer den Umstand mitdenken, dass das, was wir sehen, stets einen Bezug zur Welt hat. Die Reiseroute eines Kulturguts nach Berlin würde immer auch den Zweck und das Vorhaben des Boten konnotieren. Wer ging wann wohin und weshalb? Wer brachte was mit? Und dann erst, worum handelt es sich bei diesem Federschmuck, Werkzeug oder Altar?

Ich bin mir sicher, dass wir Geschichte besser begreifen, wenn wir verstehen, warum ein Alexander von Humboldt in See stechen konnte. Wir verstünden seine Lebensumstände, seine Privilegien, seine zahlreichen Kontakte in alle möglichen Teile der Welt, seine europäischen Gastgeber in Südamerika, seine Bemerkungen über die Sklaverei, all das würde unseren Horizont für die Frage erweitern, wer wir sind. Jedenfalls mehr als die bloße Zeichnung einer Paranuss, wie wir sie im Botanischen Museum in Dahlem betrachten können. Wir verstünden, dass die Erforschung des Menschen ein koloniales Projekt war. Dass all die Kunst und auch der Krempel, den wir in den Vitrinen betrachten, die Bilder in den feinen Museen mit den teuren Eintrittsgeldern verwoben sind mit der Geschichte der Unterdrückung der Völker. Kunst und Kultur erzählen diese Geschichte. Man darf sie in den Museen nicht verschweigen. Die Verweise darauf müssen sichtbar und auffällig angebracht werden.

Man stelle sich vor, dass künftig über dem Portal des Humboldt-Forums stünde: »Zur Freiheit bestimmt«. Dieses Zitat stammt aus einem Text Humboldts, in dem es heißt: »Indem wir die Einheit des Menschengeschlechts behaupten, widerstreben wir auch jeder unerfreulichen Annahme von höheren und niederen Menschenrassen. Es gibt bildsamere, höhergebildete, durch geistige Kultur veredelte, aber keine edleren Volksstämme. Alle sind gleichmäßig zur Freiheit bestimmt.« Über solche klugen und wichtigen Gedanken der Namensstifter wird nicht gestritten. Stattdessen darüber, ob ein Kreuz auf der Kuppel stehen wird.

*W*ie schnell es auf einmal geht, dass eine Kanzlerin ihre Ansicht zu einem Thema ändert, bloß weil der politische Partner es zur Koalitionsvoraussetzung macht, erstaunlich! Die »Ehe für alle« ist so gut wie durchgesetzt.

Die Republik unter Merkels Führung wird oft innerhalb von Sekunden modern. Es sind jene Momente, in denen die Kanzlerin sich in die Ecke gedrängt fühlt, weil außerhalb ihres Wirkungsbereiches etwas vor sich geht, über das sie die Kontrolle verliert. Das war beim Ausstieg aus der Kernkraft so und bei der Entscheidung, Flüchtlinge aus Ungarn abzufangen. Immer geschah zuvor etwas Unvorhergesehenes. Fukushima oder das rabiate Vorgehen der Ungarn gegenüber den Flüchtlingen. Oder wie jüngst der Parteibeschluss der Grünen, dass die »Ehe für alle« eine Bedingung für eine Zusammenarbeit mit allen anderen Parteien darstelle, woraufhin die SPD und die FDP folgten.

Merkel wittert Umbruch, also macht sie den Weg frei. Ohne vorherige Absprache mit ihrer Partei.

Eben noch Reformstau und Beton in den Köpfen und auf einmal scheint es, als sei alles möglich.

Ich möchte für die Geschichtsbücher festhalten, dass sich der Moment, in dem die Ehe für Homosexuelle von der Kanzlerin im Alleingang entschieden wurde, in unserer kleinen Inklusionsstätte am Festungsgraben vollzog. Hier im Gorki saß die Kanzlerin auf einem pinkfarbenen Kunstledersesselchen, ihr Jackett trug den Farbton Kräftige Koralle, und ließ sich von der Zeitschrift *Brigitte* interviewen.

Amüsant, nicht wahr? Dass ein Frauenmagazin im Tante-Hedwig-Style, dessen Kernthema der perfekte Käsekuchen und die perfekte Bluse ist, also eine Illustrierte, die im Bann der Politikvermeidung steht, zu einem Gespräch mit der Kanzlerin einlädt. Und zwar an einen Ort, an dem vieles gelesen und gewählt wird, aber sicher nicht die *Brigitte*. Glaube auch nicht, dass die CDU zu den Hauptinspirationsquellen am Haus zählt, zumindest nicht im affirmativen Sinn. Dass nun hier an diesem Ort, wo wirklich jeder mit jedem schläft, alle im falschen Körper stecken, falsches Deutsch sprechen und mit falschem Pass eingereist sind, dass in dieser Erstaufnahmeeinrichtung für Verqueere und Verliebte, die in jeder Inszenierung als Zeichen des Widerstandes eine Federboa im Windkanal der Ventilatoren aufpuscheln lässt, in der sich jeder ein »Macht kaputt, was euch heteronormativ macht« in den Nacken tätowiert hat, in der Kantinenkollegen Kaffee servieren und dabei »bötteschööön, ein Tässchen Dallmayr Pro-Homo«

näseln, dass hier bei uns die Homo-Ehe durchgesetzt wurde, ist ziemlich witzig.

Ich warne jeden nationalkonservativen Bürger in diesem Land: Betretet nicht das Gorki! Die drehen euch um! Ich versuche mich, so gut es geht, in der Nähe des Deutschen Theaters oder des Berliner Ensembles aufzuhalten, damit ich schön die bleibe, die ich bin: ein einfaches, aber ordentliches Mädchen vom Land, das pünktlich um 21 Uhr zu Hause ist und genau eine Liebesstellung kennt, nämlich freundliches Nicken.

Eine letzte Frage noch. Vielleicht die deutscheste aller Fragen. Darf man, wenn die »Ehe für alle« im Gesetz festgeschrieben ist, Witze über Homosexuelle machen? Darf man? Darf man? Gibt ja Leute in diesem Land, die wie ein Hund leiden, weil die Meinungsfreiheit unter der Herrschaft der *political correctness* erstickt werde. Wir haben im Haus eine Sitzung (»Schwule-Scherz-AG«) einberufen und beschlossen, dass wir im Tausch für jedes Bürgerrecht, das eine unterprivilegierte Randgruppe erhält, einen Witz aus unserer Geiselhaft entlassen:

Zwei Tunten geraten unverschuldet in einen Autounfall.
Eine Tunte steigt aus, um mit dem Schuldigen zu
verhandeln.
Schuldiger: »Ich zahl dir 1000 Euro, wenn du nicht die
Bullen rufst!«
Tunte: »Waltraud, ruf die Polizei!«
Schuldiger: »5000 Euro!«
Tunte: »Waltraud, ruf die Polizei!«
Schuldiger: »Mein letztes Wort: 10 000 Euro!«

Tunte: »Waltraud, ruf die Polizei!«

Schuldiger: »Wisst ihr was? Leckt mich doch am Arsch!«

Tunte: »Waltraud, er will verhandeln!«

In meiner letzten Kolumne habe ich verpasst, folgendes zu erwähnen. Ich war für mehrere Monate unpässlich und konnte nicht schreiben. In dieser Zeit sprang der andere große Theaterkolumnist dieses Landes für mich ein: Hartmut El Kurdi. Sie erinnern sich, er ist derjenige, der das Gleiche wie ich macht, allerdings für das Schauspiel Hannover. Mein Nachwuchs gewissermaßen. Ich fragte ihn, ob er in Vertretung für mich einen Text schreiben könne. Er konnte. Allerdings rang ich ihm zuvor das Versprechen ab, dass er nicht lustiger oder klüger sein dürfe als ich. Er versprach mir hoch und heilig, sich anständig zu benehmen. Dann las ich seine Vertretungskolumne und drehte schier durch. Er knallte ein Pointenfeuerwerk sondergleichen ab. Nie zuvor hatte er einen so tollen Text geschrieben. Seinen eigenen Theaterkolumnenabonnenten mutet er Monat für Monat wesentlich unaufregendere Texte zu.

Ich blieb trotzdem ruhig und gab den Text zur Veröffentlichung frei. Schließlich sagte ich mir, dass ich mich 14-tägig für diese Gemeinde hier abrackere und dass meine Abonnenten sich doch wohl nicht von der Nummer zwei in dieser Branche blenden lassen würden. Außerdem ist das hier Berlin. Hier wird jeder Neuankömmling mit einem freundlich gemeinten »Zisch ab!« empfangen. Kaum war sein Text unter der Überschrift »Mely Kiyak fühlt sich nicht« erschienen, trudelten die ersten Reaktionen ein.

»Was für ein phantastischer Kerl!«

»Was für ein lustiger Erzähler!«

»Was für ein charmanter Schreiber!«

Nach diesen verheerenden Reaktionen stellten wir die Aktion natürlich sofort ein.

Ich melde mich in zwei Wochen wieder. Vielleicht mit ersten Fotos von unserem Sommerfest. Was wir machen werden? Was macht wohl eine Horde Ausländer, wenn sie nicht arbeiten muss und einen Garten vor der Tür hat? Ganz genau!! Kanzlerin Merkel, die gegenüber von unserem Theater wohnt, sollte an diesem Tag Fenster und Türen geschlossen halten. Als beim letzten Gelage die Grillkohle ausging, fingen sie an, die Kulissen aus der ersten Spielzeit unter die Hammelspieße zu schieben. Die kennen hier kein Halten, wenn es ums Feiern geht.

*F*rüher klickte ich zur Zerstreuung Nachrichtenportale an. Heute klicke ich mich durch Bedarfslisten verschiedener Berliner Flüchtlingseinrichtungen. Einen Tag später schaue ich mir die Listen erneut an, um zu schauen, ob der Bedarf weiter besteht. Oft werden Kinderärzte und Internisten gesucht. Wolldecken. Unterhosen in den Größen S und M. Zahnbürsten allerdings werden in keiner Einrichtung mehr benötigt.

Die Listen sind – na klar, wir sind in Deutschland – logisch geordnet. Es gibt vor Ort Koordinierungsstellen. Telefone. Registrierungsoptionen. Nur wer sich anmeldet, kann sich in die Listen eintragen. Einfach irgendwo hingehen und fünf

Mark abgeben wie die Omis bei den schlesischen Ankömmlingen vor Jahrzehnten, war mal. Genaue Anweisungen, wie die Spende abzugeben ist, liegen als PDF zum Herunterladen bereit. Es gibt Schaubilder, wie die Spenden aufbereitet werden müssen. Schuhe, lose in der Lidltüte, Bild durchgestrichen. Schuhe, mit zusammengebundenen Schnürsenkeln einzeln in Gemüsetüten verpackt, Häkchen.

Die Gruppen vor Ort sind streng. Es gibt Verhaltensregeln. Man kann sie nachlesen. Man möge beim Überreichen der Gaben »positiv denken«. Es klinge »vielleicht komisch«, aber man solle sich daran halten, denn es hülfe. Der Flüchtling, der die Gabe annehme, spüre das Positive, man möge nicht vergessen, er, der Nehmende, habe »Schreckliches durchgemacht«. Es nimmt schon wieder bizarre Züge an.

Mein ganzes Leben lang begleitet mich das Thema der Geflohenen. In unserem Haus waren ständig Asylbewerber und Flüchtlinge zu Gast. Meine Eltern haben jahrelang für Flüchtlinge übersetzt, sie auf Ämter begleitet, Nachhilfelehrer für deren Kinder organisiert, sie waren dabei, wenn im Kreißsaal geboren wurde, und nachts auf die Polizeiwache wurden sie auch gerufen. Das Wort Ehrenamt kannten sie nicht. Menschenpflicht nennt man so etwas bei uns. Die Flüchtlinge kamen aus dem Libanon, Irak oder dem kurdischsprachigen Teil der Türkei. Die Erzählungen der Flüchtlinge lösten bei uns Jugendlichen einen Grusel aus. Man hörte hin und wollte es eigentlich doch nicht so genau wissen. Ich konnte schon mit 15 Jahren die Palette der Menschenrechtsverletzungen flüssig aufsagen. Alle in meiner Familie halfen, auch Tanten und Onkel. Sie waren Gastarbeiter. In gebrochenem Deutsch kämpften die Eltern auf den Behörden für die Rechte der Flüchtlinge. Niemals habe ich irgendjemanden aus meiner Familie den Satz sagen gehört: »Wir helfen Flüchtlingen.« Man tat es einfach. Ich habe kein Problem damit, mich in der Flüchtlingshilfe zu engagieren, aber ich kann keine staatlichen Aufgaben übernehmen.

In der Liste der Gruppe »Willkommen im Olympiapark« las ich am Montag, dass Trinkwasser ohne Kohlensäure und Brot benötigt werden. Hinter dem Brot stand in Klammern die Bemerkung »dringend«. Hinter dem Wasser »sehr dringend«. Vor meinem Auge liefen Bilder aus UNICEF-Lagern in Afrika ab. Die Bitte nach Wasser- und Babymilchspenden kannte ich bislang nur von dort.

Ist es die Aufgabe von berufstätigen Bürgern, in einem funktionierenden Gemeinwesen Wasser und Brot, also das Elementarste vom Elementarsten für Flüchtlinge zu organisieren? In Berlin gibt es unzählige Einrichtungen mit Tausenden von Flüchtlingen. Was passiert, wenn eines Tages niemand mehr Seife und Äpfel durch die Stadt karrt? Am Dienstag verschwanden Wasser und Brot wieder von den Listen. Ganz Charlottenburg muss wohl Getränke Hoffmann geplündert haben.

Es wird nicht jeder wissen, aber wir haben in Deutschland eine Familienministerin, einen Entwicklungsminister, einen Gesundheitsminister und einen Innenminister. Es ist deren Aufgabe, dafür zu sorgen, dass Menschen in Krisensituationen mit Wasser, Brot und Wundsalbe versorgt werden. Unser Entwicklungsminister Gerd Müller gibt derzeit Interviews, in denen er die Golfstaaten auffordert, sich in der Flüchtlingskrise zu engagieren. Ich fordere Gerd Müller auf, sich einen neuen Job zu suchen.

Der graue Mensch, der seit Jahren von einem Ministerium ins nächste gespenstert, hat in der Flüchtlingsfrage genau eine Maßnahme getroffen. Nämlich die Grenzen zu schließen. Leute wie Thomas de Maizière würden auf dem Arbeitsmarkt sofort aus dem Job rausfliegen, weil sie nicht einmal die Mindestanforderung erfüllen. Er hat bisher noch in jedem Ministerium Mist gebaut, aber aus irgendeinem Grund hält die Kanzlerin eisern an ihm fest. Ein Kollege von einer Zeitung meinte neulich, die Verbindungen der Familien de Maizière und Merkel scheinen ganz schön fest verknotet zu sein, weshalb sie ihn nicht rauswirft.

Was macht Familienministerin Manuela Schwesig? Kommt sie langsam in die Puschen? Es gibt Hunderte von minderjährigen Kindern, die unbegleitet in Deutschland gelandet sind. Kapiert sie das? Oder geht sie immer noch in Kitas Lieder singen und lässt sich dabei fotografieren?

Der Gesundheitsminister könnte unsere Pharmafirmen bitten, in großem Stil Salben bereitzustellen, damit wunde Flüchtlings- und Kinderpopos nicht auf die Großzügigkeit von Frau Müller und Herrn Schmidt angewiesen sind. Sollen wir jetzt wirklich palettenweise Medizin kaufen? Die Pharmafirmen sind die Exportkings der deutschen Wirtschaft. Wie wäre es, wenn Bayer und Co. und die 20 anderen deutschen Pharmakonzerne den gesamten Bedarf der Flüchtlinge an Pflastern, Wundmaterial und Medikamenten übernehmen würden?

Der Landwirtschaftsminister könnte die Industrie bitten, den gesamten Bedarf an Milch und Brot für die Versorgung der Flüchtlinge zu übernehmen. Wer wie Nestlé und Co. als Lebensmittelunternehmen die Felder der Welt plündert, Menschen und Ressourcen ausbeutet, könnte sich anschließend auch um die Handvoll Hungrigen kümmern. 70 Prozent der Agrarflächen Rumäniens werden von ausländischen Unternehmen kontrolliert. Aber sich aufregen, wenn arme Rumänen Deutschland betreten!

Leute, wir müssen wütender werden. Und genauer aufpassen, dass wir nicht Hilfsbereitschaft an die Stelle von Pflicht und Grundversorgung setzen. Wir leben gerade den Traum der FDP. Der Staat zieht sich zurück und die Bürger springen ein. Irgendwann wird die Bürgerhilfe als Selbstverständlichkeit betrachtet. Im Hinblick auf kommende Flüchtlinge ist das fatal. Ich möchte daran erinnern, dass wir als Bürger dieses Landes Steuern zahlen. Wir müssen laut werden und an unsere Politiker gerichtet sagen: Es ist eure Aufgabe, die Bedarfslisten durchzuklicken. Nicht unsere.

*I*n der Zeitung stand, dass Björn Höcke, der thüringische Fraktionschef der AfD, während der Günther-Jauch-Talkshow eine Deutschlandfahne ausgepackt habe, um ein Bekenntnis zu diesem Land abzulegen. Ich schaute mir die Sendung an und konnte doch fast nicht hinsehen. Höcke zog ein knittriges Fähnlein aus der Sakkoinnentasche und legte es über seinen Stuhl. Wenigstens war es die rechte Stuhllehne! Was für ein mickriges Bekenntnis, dachte ich mir. Ich selbst habe schon bei der einen oder anderen Show, mit der ich durch die Lande tingelte, eine meterlange Deutschlandfahne herausgezogen. Wenn schon eine Bühne beflaggen, dann doch mit 1000 Quadratmeter Fahne, oder? Sich einwickeln und »Deutschlaaaand, Deutschlaaaand« brüllend durchs Studio laufen. Das wäre ein Statement! Aber doch nicht so ein ungebügeltes Stückchen Stoff. Das hat Deutschland nicht verdient.

Ich verstehe auch nicht, warum es in Deutschland verboten ist, das Hakenkreuz zu zeigen. Ist doch bloß ein Zeichen, dessen Symbolik von vorne bis hinten vermurkst ist. Das Hakenkreuz wurde 1920 Parteierkennungssymbol der Nationalsozialisten. Mit Einführung des Reichsflaggengesetzes 1935 wurde es an allen öffentlichen Gebäuden gehisst. Den Nazis stand das Hakenkreuz für die »arische Rasse«. Weshalb steht diese Formulierung in Anführungszeichen? Weil es die »arische Rasse« nicht gibt. Sie ist, wie fast alles, was die Nationalsozialisten propagierten, eine Erfindung.

Deutsche, die während der Nazidiktatur lebten, waren eine gemischte Gruppe mit verschiedenen Herkünften und Religionszugehörigkeiten. Jeder kam von irgendwoher. Was die meisten Deutschen miteinander teilten, war die Sprache Deutsch. Damit war man aber nicht automatisch Arier.

Jemand Interesse, eine Arierin kennenzulernen? Die Autorin dieser Kolumne ist eine echte Arierin. Die biografischen Wurzeln der Familie Kiyak sind auf die indoarische Sprachfamilie zurückzuführen. Arier sind nämlich Menschen, die beispielsweise Kurmancî sprechen, eine der drei kurdischen Sprachen. Das Indoarische ist ein linguistischer Zweig der indoiranischen Sprache. Romani, das manche Roma sprechen, zählt genauso dazu wie 100 andere Sprachen, die derzeit von einer Milliarde Menschen verwendet werden.

Die Nationalsozialisten haben in ihrer Rassenlehre – auch

wieder eine Erfindung, denn es gibt keine Rassen, sondern allenfalls Völker beziehungsweise Ethnien – aus den Deutschen Arier gemacht. Und ihnen bestimmte äußerliche Eigenschaften zugesprochen. Blond, groß, blauäugig. Sie haben das damit begründet, dass die Deutschen von den Germanen abstammen. Das würde man sehen. Das ist natürlich extrem idiotisch. Echte Arier haben zumeist eine dunklere Hautfarbe und dunklere Haare. Die Vorfahren der Theaterkolumnistin sind vor Urgenerationen mit den Indogermanen losgewandert und irgendwann bei den Turkvölkern im Osten gelandet. Trotz des germanischen Backgrounds ist das Gegenteil von blond und blauäugig daraus hervorgegangen.

Die nationalsozialistische Theorie – Germane = Arier = deutsch = reinrassig – wurde, um die Sache endgültig zu verkomplizieren, mit dem Hakenkreuz illustriert. Das Symbol mit den abgewinkelten Armen ist ein mindestens 10 000 Jahre altes Zeichen, das vielen Kulturen bekannt ist. Völker aus Europa, Asien und auch aus Afrika verwendeten das Kreuz als Symbol für die Sonne oder das Glück. Das Hakenkreuz heißt korrekt Swastika, ein Wort aus dem Sanskrit. Es ist das Gegenteil von etwas »Reinrassigem«, sondern vielmehr wie die Sonnenblume der Grünen das Zeichen für Multikulturalität, Multiethnizität und Multireligiosität. Das Hakenkreuz ist die Sonnenblume der Völker. Ich trage immer eines im Herzen.

Es ist so langweilig, Rechtsextremen und Nazis zuzuhören. Ihre ganze »Das deutsche Volk ist bedroht«-Rhetorik ist so dumm, ihr Hakenkreuzgeschmiere völlig lächerlich. Welches Volk denn? Hakenkreuz, sicher? Haben die Inder vor Tausenden Jahren schon in den Currysack geritzt, ihr Luftpumpen.

*I*ch mag schon gar nicht mehr Zeitung lesen. Ich kann die Heulsuserei von der Krise nicht mehr hören. Welche Krise denn? Wessen Krise? Wer durchlebt denn hier gerade eine Krise? Wir, die wir warm eingemummelt in unseren Wohnungen leben? Oder Menschen, die mit nackter Haut tage-, wochen-, monate-, jahrelang unterwegs sind? Neulich traf ich auf jemanden, der neun Jahre lang von Afrika nach Europa unterwegs war. Neun Jahre! *Das* ist eine krasse Krise.

Deutsche kaufen im Internet ein Flugticket und fliegen, wohin sie wollen. Umgekehrt finden sie es merkwürdig, wenn andere ihre Grenzen überqueren. 80 Millionen Deutsche geben für Urlaub so viel Geld aus wie die Chinesen. Dabei leben in China 1,3 Milliarden Menschen. Deutsche lieben es zu reisen. Selten reisen sie dorthin, wo Mindestlohn gezahlt wird. Wo Demokraten herrschen. Oft sind sie in Entwicklungsländern unterwegs. Schauen sich das Elend an. Kommen zurück und pfeifen gegen Ausländer.

Gerade versuchen uns einige mächtige Medienhäuser und Politiker einzureden, wir hätten eine Krise. Himmel noch mal, woraus besteht denn die Krise? Dass wir nicht genügend Wolldecken auftreiben können? Nicht genügend Nahrung? Ehrlich, da kriegt man sich vor Lachen nicht mehr ein. Das prächtige Abendland hat Probleme damit, Heizstrahler zu besorgen, um leerstehende Gebäude zu heizen und Menschen unterzubringen.

Die deutsche Bürokratie funktionierte in den Wirren des Zweiten Weltkrieges tadellos. Sie funktionierte in den Deportationslagern. Sie funktionierte, als Millionen Vertriebene kamen. Sie funktionierte, als Millionen Kontingentflüchtlinge aus der ehemaligen Sowjetunion nach Deutschland kamen. Sie funktionierte, als 20 Millionen DDR-Bürger in die Westbürokratie integriert werden mussten. Und jetzt klappt das nicht wegen ein paar Hunderttausend Menschen, die nach Deutschland kommen? Wegen Computerproblemen? Wegen zu wenigen Mitarbeitern in Registrierungsstellen?

Durchschnittlich betreten pro Jahr 100 Millionen Deutsche 46 Ikea-Standorte in Deutschland. Wäre Ikea eine Transitzone, würde man sagen, dass diese Transitzone monatlich von 8,3 Millionen Menschen passiert wird. Die Mehrheit der Kunden zahlt mit EC-Karte, was auch eine Art Registrierung ist. Will sagen, wenn es um Kapitalismus geht, funktioniert das System tadellos. Da arbeiten Top-Ingenieure an Top-Systemen. Geht es um Humanität, arbeiten eine Handvoll Menschen an ollen Gurken und verpassen Armbändchen und laufen mit handgeschriebenen Karteikärtchen über lange Linoleumflure in Ämtern und Behörden.

Die Politik strengt sich gerade irre an, die Bilder von Überforderung und Überlastung durch lange Warteschlangen an Registrierungsstellen und Grenzübergängen entstehen zu lassen. Jedes Bild eines Kindes an der deutsch-österreichischen Grenze, das nachts von seinen Eltern in einen Pappkarton gesteckt wird, um wenigstens etwas vor der Kälte geschützt zu sein, ist Teil einer politisch motivierten Kommunikationsstrategie. Sie soll uns signalisieren, kein Platz, kein Geld. Tatsächlich sagt sie aber noch was anderes. Kein Bock, die Verhältnisse zu ändern!

Eine Politik, der die Verhältnisse peinlich sind, würde alles tun, um diese Bilder nicht entstehen zu lassen. Eine Politik, die sich schämt, würde nichts unversucht lassen, um nicht den

Eindruck zu erwecken, Elend und Not seien gewollt. Wären die bayerischen Landräte nicht einverstanden damit, dass an der bayerischen Außengrenze Menschen hungrig zu erfrieren drohen, würden sie aus Protest dagegen selber in einem Pappkarton an der Grenze kampieren. Wäre die Kanzlerin wirklich nicht einverstanden damit gewesen, dass unser Innenminister eine Unverschämtheit nach der nächsten über die Flüchtlinge von sich gibt, hätte sie ihn nicht bloß kastriert, sondern rausgeworfen.

Ich finde ja übrigens, der beste Weg, die Zahl der Flüchtlinge in Europa zu begrenzen, ist, ihre Flucht für beendet zu erklären, sobald sie europäischen Boden betreten. Sie sind fortan keine Flüchtlinge mehr, sondern freie Menschen.

Wenn ich die Analysen meiner Kollegen lese, in denen sie den ganzen Schwachsinn von der Überforderung nachplappern, kann ich nur sagen: Leute, gebt eure Presseausweise ab. Wir haben Pressefreiheit, ihr aber labert den PR-Scheiß der politischen Kommunikationsagenturen nach. Wenn wir in Russland wären, in der Türkei oder in China, würde ich das verstehen, aber wir sind in Deutschland. Stell dir vor, es ist Pressefreiheit und die Journalisten machen nicht mit.

*D*ie Winterferien sind zu Ende, wir machen wie gewohnt weiter. Heute Kapitel dreitausendachtundneunzig: Der Moslem, die testosteronverseuchte Gefahr mit Koran unterm Arm und gefälschtem Pass in der Tasche. Selten wurde über sexualisierte und sexuelle Gewalt in Deutschland so heftig und leidenschaftlich diskutiert wie in diesen Tagen. Als die Missbrauchsfälle der katholischen Kirche aufflogen, stieg der Erregungspegel ähnlich schnell. Das Thema wurde für eine ganze Weile in einem bestimmten Winkel der Gesellschaft geparkt und nachdem sich alle daran ausgetobt hatten, goss sich unendliche Stille über das Thema. Bis Silvester dieses Jahres in Köln. Gleiches Thema, gleiche Problematik und wieder schraubt sich die Wutspirale los. Dabei stellen sich ein paar grundsätzliche Fragen. Sie sind nicht besonders originell, aber immer noch aktuell.

1. Wie kann es sein, dass in Deutschland eine Gruppe von Frauen über Stunden hinweg öffentlich belästigt wird, ohne dass die Polizei einschreitet? Öffentlich ausgeübte Gewalt kann immer nur dort stattfinden, wo Opfer keine Unterstützung durch Stärkere bekommen. Gewalt an Frauen mit öffentlicher Zeugenschaft ist ein altbekanntes Muster. Sie fördert bei Frauen zumeist eine Reaktion hervor: Schweigen. Das Schweigen resultiert aus der Erfahrung von Einsamkeit, die einem widerfährt, wenn man Opfer wurde. Das Schweigen der Mitwisser, die Väter oder Mütter sein können, Brüder oder Schwestern, Lehrer oder Imame, Nachbarn oder Passanten, ist *die* Ur-Erfahrung von Opfern sexueller Gewalt. Dass eine mehrheitlich mit Männern besetzte Polizei eine Nacht, in der Frauen massiv bedrängt wurden, in ihren internen Berichten als stille und ereignislose Nacht beschrieb, illustriert, dass sexuelle Grenzüberschreitungen Alltagserfahrung im Leben von Frauen *und* in der Bewertung von Männern sind.

2. Warum werden Frauen nicht laut, wenn sie Opfer von Gewalt oder Vergewaltigung werden? Oder anders gefragt: Wa-

rum trauen sich Männer, Frauen nicht mehr nur im dunklen Winkel eines Parks, eines leeren Zugabteils oder im Schutze der häuslichen Familie gegen ihren Willen anzufassen? Weil Frauen nicht gerne darüber sprechen. Aus Scham. Aber auch aus Solidarität mit den Tätern. Weil es sich in den meisten Fällen um Partner oder Arbeitskollegen handelt. Weil sie eigentlich wissen, dass da etwas geschah, das nicht in Ordnung ist. Aber die Nähe zum Täter lässt auch zweifeln. Übertreibe ich? Trage ich Mitschuld? War ich nicht eigentlich auch besoffen, peinlich, nuttig angezogen? Außerdem besteht ein Mangel an Zutrauen. Wird man mir glauben? Ist ein Griff an den Busen schon Missbrauch? Ich wollte bloß küssen, war erregt, war sein anschließender Griff in meinen Slip, an mein Geschlecht nicht folgerichtig? Sein Beharren nicht auch, und so weiter? Also schweigt man. Schlechtes Gewissen. Angst. Keinen Bock, ein Fass aufzumachen. Oder schlicht keine Möglichkeit. Es ist genau dieses Schweigen der Frauen und Kinder, das Täter ermutigt, weiterzumachen. Oder es bei der nächsten Frau zu versuchen. Egal ob im häuslichen Umfeld oder draußen auf dem Schulhof.

3. Was lernen wir aus der aktuellen Debatte über sexualisierte Gewalt? Frauen werden ernster genommen, wenn es sich bei den Tätern um sogenannte oder tatsächliche Ausländer handelt. Oder wie darf man das aktuell anhaltende Interesse am Thema interpretieren?

4. Warum ist es Männern eigentlich nicht peinlich, Frauen in der Öffentlichkeit zu bedrängen? Egal, ob sie Frauen besoffen auf dem Weg zu einem Fußballspiel im ICE begrabschen oder auf dem Schützenfest? Egal, ob allein, zu zweit, zu dritt oder zu Hunderten? Weil das Korrektiv fehlt. Der Schaffner

beispielsweise, zu dem man geht und um Hilfe bittet. Der aber, statt die ganze Ladung Penner rauszuschmeißen, sagt: »Die tun nichts. Die sind bloß besoffen.« Es fehlen jene Männer, die als Fahrgäste im ICE laut und deutlich sagen: »Lasst die Frau in Ruhe!« Jene Männer, die auf der Domplatte die belästigten Frauen aus der Gefahrenzone herausretten. Wie kann es sein, dass im Nachhinein unzählige Augenzeugen auftauchen, die detailliert beschreiben können, was geschah. Warum hat niemand eingegriffen? Warum wurden die Notrufe nicht getätigt? Warum ließen Augenzeugen die Opfer allein?

5. Warum ist es in letzter Zeit so absonderlich, Artikel von männlichen Kollegen zu lesen, in denen sie die Ereignisse der Silvesternacht ausschließlich auf Herkunft und Religion der Täter schieben? Zunächst einmal ist es immer unlogisch, auf Sexismus mit Rassismus zu reagieren. Aber es ist auch deshalb so bigott, weil gerade jene Blätter, deren Klickrate durch die Decke gehen und die sich hysterisch aufregen, oft keine Gelegenheit auslassen, Frauen immer nur in Form von Titten, Ärschen, geöffneten Mündern und so weiter zu zeigen. Erst wenn man Eis, Autos und Tomatensoße mit nackten Schwänzen, glänzenden prallen Hoden und halb geöffneten Männerlippen bewirbt, werden Männer erfahren, wie kurz der Weg von der Werbefläche zum Griff an den Arsch ist. Ich kenne Artikel von Kollegen, die Verantwortung für ihre Blätter tragen und gar nicht mehr sehen, welche Bilder sie täglich produzieren. Sie sind aber alle ganz eifrig am Publizieren über den Zusammenhang von Koran und den vermeintlich daraus resultierenden kulturellen Absonderlichkeiten. Eine Gesellschaft, gleich welcher Prägung, die die Sexualität von Frauen

ernst nimmt und respektiert, gibt ihre Körper nicht permanent der Lächerlichkeit preis. Weder in der grotesk verschleierten Variante. Noch in der grotesk entblößten Variante. Wie sonst kann man sich die schwachsinnige Darstellung von Frauen in der Werbewelt erklären? Übrigens: Welche Erklärungsmuster auch immer man für die sexistische Machokultur von Japanern in öffentlichen Verkehrsmitteln findet, für die Machokultur von Sizilianern am Badestrand oder für die Machokultur begüterter Russen, Jordanier oder Libanesen christlichen Glaubens in Amüsierclubs, weiß ich nicht. Ist mir auch egal. In einer Welt, in der sogar der Kapitalismus abhängig ist vom nackten Körper der Frau, weil die Waren angeblich nur mit weiblichem Sex zu verkaufen sind, braucht mir keiner mit dem Argument des wilden, geilen Orientalen (Afrikaners, Latinos, Arabers usw.) zu kommen. Manche der wilden, geilen Gestalten sitzen nämlich in gut geschnittenen Anzügen in den Werbeagenturen der Welt. Sexismus ist eine Folge von fehlender Gleichberechtigung, von schiefen Machtverhältnissen und Dominanz. Jeder Mann möge bitte in diesem Augenblick aufschauen und nachzählen, wie viele Frauen sich gerade mit ihm im Raum bewegen, die auf der gleichen hierarchischen Ebene stehen wie er selbst.

6. Was ist der Unterschied zwischen Vergewaltigung und Vergewaltigung?

Ist das, was auf der Domplatte oder im Hauptbahnhof in Köln geschah, schlimmer als jährlich 100 000 Fälle von Vergewaltigung in Deutschland an Frauen und an 15 000 Kindern? In den Augen derjenigen, die die Kölner Ereignisse für ihre politischen Zwecke instrumentalisieren wollen, scheint es so.

Wer aber Vergewaltigungen gegen Vergewaltigungen ausspielt, sich über das eine massiv aufregt, über das andere aber nicht, der verfolgt einen anderen Plan.

Sexuelle Gewalt hat viele Gesichter. Wen das nicht wirklich beschäftigt, der kann sich gerne mit »Ausländerkriminalität« aufhalten. Durch Asylrechtsverschärfungsdebatten wird der Diskurs jedoch beschnitten, zensiert, verzerrt. In Europa wurden 60 Prozent aller Frauen Opfer von sexueller Belästigung im Kontext von Arbeit, Familie und sozialem Umfeld. Ich weigere mich, das Thema auf dem Rücken von Flüchtlingen, Muslimen oder Ausländern zu diskutieren. Und jede Studie dazu in Europa, Amerika, Australien oder Asien gibt mir Recht. Kann es sein, dass Teile der Öffentlichkeit, übrigens auf der ganzen Welt, das ganze Ausmaß der Katastrophe deshalb ausblenden, weil es ihnen nicht um Frauenrechte geht? Sondern darum, einen Weg zu finden, so schnell wie möglich »das Fremde« in der jeweils eigenen Gesellschaft loszuwerden? Das Tröstliche an dieser fehlgeleiteten Strategie: Sie ist so hohl, dass sie untergehen wird. Wie immer eigentlich, wenn es um Nationalismus, Rassismus und Chauvinismus geht.

7. In der letzten Woche telefonierte ich mit vielen Frauen und bat sie, mir etwas zum Thema zu erzählen. Jedes Gespräch begann mit den Worten: »Mir ist da auch mal was passiert …« Ich bin erschüttert. Ich kenne keine einzige Frau, die nicht von Grenzüberschreitungen berichten kann. Besonders entsetzlich: Die meisten Erinnerungen meiner Kolleginnen und Freundinnen setzen mit der Pubertät ein. Das heißt, die Erfahrung, eine Frau zu werden, wird begleitet von der Erfahrung, genau dadurch bedroht zu sein. Statt dagegenzusteuern und Mädchen

stark zu machen, geraten sie in die Debilitätsfalle von Schönheits- und Singwettbewerben. Sie lernen, sich noch begehrter zu machen. Selbst Stargeigerinnen drücken ihren Arsch in die Kamera, damit sich Sonaten und Symphonien besser verkaufen. Wann hört das endlich auf?

8. Für den Kampf gegen Sexismus und Gewalt braucht es die Allianz mit Vätern, Brüdern und Kollegen. Doch jeder Mann, der in dieser Debatte seine Empörung mit den Worten einleitet: »Nie dagewesener Skandal. Islam. Bla bla«, will über alles Mögliche reden, aber nicht über das Problem Sexismus und Gewalt. Wenn ich in der Debatte das Wort »Abschiebung« höre, fühle ich mich verarscht. Wer schiebt die Ressortleiter und Chefredakteure ab? Wer die Vermieter oder Minister? Wer die Politiker oder Lehrer? Ich kann es nicht mehr hören: Moslem, Moslem, Moslem! Haben wir denn alle den Verstand verloren? Wir dürfen es nicht zulassen, dass Rassisten das Thema sexualisierte Gewalt in Geiselhaft nehmen. Ihnen geht es um die Diskreditierung der Kanzlerin, der Medien, der Politiker, Flüchtlingspolitik, der was weiß ich. Deren Diskurs ist vergiftet und verlogen und scheinheilig. Zeitgleich lesen wir in den Zeitungen, dass über Jahrzehnte hinweg die Kinder des Regensburger Domspatzen-Chores verprügelt und vergewaltigt wurden. Man geht von 700 Fällen aus und das ist erst der Anfang. Wir verstehen also, dass sexuelle Gewalt in unterschiedlichen sozialen, politischen, kulturellen und religiösen Kontexten stattfindet. Wenn einen das eine interessiert, muss einen auch das andere interessieren. Nicht, um das eine gegen das andere auszuspielen. Nicht, um das eine Verbrechen mit einem anderen zu neutralisieren. Sondern um besser zu begreifen. Ist das wirklich so schwer zu verste-

hen? Und ja. Wer seinen Satz mit »Die Muslime …« anfängt, hat das Denken aufgegeben. Mit solchen Leuten kannste nichts verändern. Nie.

9. Jede Frau, die Opfer eines sexuellen Übergriffs geworden ist, weiß, wie sehr diese Erfahrung die eigene Sexualität vergiftet und wie tief sie das Selbstwertgefühl beschädigt. Wer erlebt hat, dass sexuelle Übergriffe auch in Form von Nötigungen stattfinden, weiß, dass es Ewigkeiten dauert, bis man sich wieder fallenlassen und intim werden kann. Wer Sexualität als Waffe kennengelernt hat, schafft es manchmal nie, diese Erinnerung auszuschalten. Apropos: Haben wir vergessen, was Soldaten in Kriegen anrichteten und anrichten? Das waren Gruppenvergewaltigungen in aller Öffentlichkeit. Kennen wir eigentlich die Vergewaltigungsstatistiken aus allen Ländern, wo gerade Soldaten stationiert sind? Wollen wir das alles überhaupt wissen? Warum gehört der Vergewaltiger immer zu den anderen? Von jedem Punkt der Erde aus ist das so. Mal ist es der Russe, der unsere deutschen Frauen vergewaltigt. Oder der Deutsche, der Amerikaner, der Araber. Mal fand es während der chilenischen Militärjunta statt oder bei der deutschen Wehrmacht, in christlich-fundamentalen Sekten wie Zwölf Stämme oder ausgeübt von islamistischen Milizen wie Boko Haram. Mal findet es statt auf einem öffentlichen Platz in Ägypten oder Köln, mal in einem Puff in Thailand, und manchmal findet es jahrelang in der Familie Müller statt, die Kinder zeugt, um sie missbrauchen zu können. Mal findet es als Initiationsritus statt, wenn im Frauenhandel die Mädchen für die Prostitution vorbereitet werden. Mal findet es nur so zum Spaß statt. Dann wieder, weil zu viel Alkohol im Spiel ist. Es findet statt im Kleinen

und Großen. Laut oder leise. Als Methode zum Erniedrigen des politischen Gegners oder zum Druckablassen aus Mangel an sexuellen Partnern oder aus Mangel an Bindungsvermögen. Aus Verklemmung oder Enthemmung. Der Täter ist Moslem, Christ oder Hinduist. Er ist gläubig oder nichtgläubig. Nüchtern, hacke oder zugekokst. Er ist fein angezogen oder lumpig. Arm oder reich. Charmant oder brutal. Stinkt oder ist fein parfümiert. Er will bloß provozieren, fummeln oder gleich penetrieren. Er macht es allein oder mit Freunden. Spontan oder organisiert. Aber eines haben alle Täter miteinander gemein. Es sind Männer.

*W*infried Kretschmann, der grüne Ministerpräsident von Baden-Württemberg, betet täglich für Angela Merkel. So stand es im Berliner *Tagesspiegel*. Ich habe, das schrieb ich oft, keine Angst vor Menschen, die beten. Tiefe Religiosität beeindruckt mich zutiefst. Gespräche mit Menschen, die Theologie studierten, sind oft ein philosophischer Genuss. Vor betenden Politikern aber fürchte ich mich. Wenn Politiker aufhören, Politik zu gestalten, und anfangen zu beten, werde ich unruhig. Hätte Winfrid Kretschmann gesagt: »Ich bete täglich Angela Merkel an«, oder: »Ich bete täglich zu Angela Merkel«, wäre ich weniger beängstigt.

Von einem Mitglied der parlamentarischen Demokratie mag ich das Wort Gott nicht hören. Mich nervt auch der Begriff Christdemokrat. Ist das nicht Schwachsinn? Als Demokrat bist du Demokrat. Gott hin oder her. Sobald du das einschränkst, bist du kein Demokrat mehr.

In dem Interview bescheinigte Winfried Kretschmann der Bundeskanzlerin eine gute Europapolitik. Na ja. Kann man so sehen oder so. Das ist hier zwar nicht das Thema der Kolumne, aber ich möchte doch an Oktober 2013 erinnern. Vor Lampedusa sank ein Boot mit 500 Flüchtlingen.

Wochen und Monate vor sowie nach der Katastrophe bat Italien die Europäer um Solidarität und Einigkeit. Um eine, wie man so schön sagt, europäische Lösung. Die Antwort unserer Europapolitikerin Merkel war, dass die zu jenem Zeitpunkt in Deutschland lebenden 65 000 Flüchtlinge unsere Aufnahmekapazität über Gebühr strapazierten. Deutschland ließ Italien mit seinem Problem im Stich.

Zwei Jahre später, da Deutschland völlig überraschend und aus vermeintlich heiterem Himmel über Nacht von Flüchtlingen überrannt wurde, bittet die Kanzlerin um Solidarität, Einigkeit und um eine, wie man so schön sagt, europäische Lösung. Heute lässt Europa Deutschland im Stich. Angela Merkel steht auch in ihrer Partei zunehmend isoliert da und kann sicher jede Unterstützung gebrauchen. Auch die Gebete eines Grünen, der sein politisches Handeln in dem eingangs erwähnten Interview mit seinem Christsein rechtfertigt.

Familie schreibe er groß und betont »wie übrigens auch die Kirchen«. Wenn die Kirche demnächst die Todesstrafe für Flüchtlinge fordert, was macht Kretschmann dann? Menschen an Grenzen abzuweisen, rechtfertigt der Ministerpräsident ebenfalls mit der Bibel. Nächstenliebe sei das wichtigste Gebot der Christen und das bedeute, dass man sich nicht überfordern dürfe. Mit anderen Worten, in der Bibel stehe, die Grenzen müssten auch mal dicht gemacht werden. Ich bin ziemlich bibelfest. Diese Passage habe ich dort nicht gelesen. Auf den Rassismus der Slowakei, die sich weigert, muslimische Flüchtlinge aufzunehmen, antwortet der Grüne: »Dann sollen sie halt christliche Flüchtlinge aufnehmen«, als sei das völlig legitim. Kretschmann fasst seine Überzeugung so zusammen: »Pragmatischer Humanismus, das ist meine Leitlinie.«

Zwar gibt es in der Philosophie durchaus Überlegungen zum Verhältnis von Humanismus und Pragmatismus, und wer sich etwas in William James' Ideengeschichte eingelesen hat, wird wissen, wovon die Rede ist. Kretschmanns »pragmatischer Humanismus« meint aber eindeutig etwas anderes. Sein Humanismus wird dann rausgekramt, wenn er nichts kostet, keine Risiken birgt und nur einem selbst nützt. Manche nennen diese Maxime auch anders. Nämlich Egoismus. Und als Begründung wird immer schön mit der Bibel gewedelt. Natürlich immer mit den Stellen, die einem politisch gerade nützen. Wenn Politiker anfangen, Gott und Staat miteinander zu verschwafeln, wird es einfach nur noch düster. Gott schuf die Welt in sieben Tagen. Demokratie war meines Wissens nicht dabei.

Wer Religion als Grundlage für sein gutes Handeln benutzt, wird auch keine Hemmungen haben, Religion für sein schlechtes Handeln zu benutzen. Genauso machen das Ayatollas und Dorfmuftis mit islamischem Glauben auch, wenn sie in ihren Dörfern den Leuten mit ihren unsinnigen Fatwas das Leben zur Hölle machen. Schiitische Dorfmullahs oder sunnitische Dorfimame verstehen, genau wie Kretschmann auch, heilige Schriften immer nach Bedarf, um nicht zu sagen »pragmatisch humanistisch«.

Der moderne Humanismus hat mühsam eine Idee von Frieden, Menschlichkeit und Solidarität entwickelt, die, wenn es sein muss, auch im Widerstand zur Religion agiert. Diese Denkschule vereinbart sich vorzüglich mit dem Glauben an Gerechtigkeit. Ich nenne es Rechtsstaat. Und sein oberstes Gebot lautet: Politik ohne Gott.

*D*ie schleswig-holsteinische CDU hat die Landesregierung aufgefordert, »Schweinefleisch auch weiterhin im Nahrungsmittelangebot sowohl öffentlicher Kantinen als auch in Kitas und Schulen« zu erhalten. Natürlich denkt man als Erstes, na klar, Schleswig-Holstein ist ein Mega-Schweinefleischproduzent. Man will Arbeitsplätze sichern. Die Begründung lautet aber anders:

»Immer mehr Kantinen nehmen Schweinefleisch aus ihrem Angebot, um auf religiöse Gebräuche Rücksicht zu nehmen.« Außerdem habe man in jedem Wahlkreis aus mindestens einer Kita gehört, dass diese aus Rücksicht auf Muslime Schweinefleisch aus dem Angebot genommen hätte.

Im Antrag der CDU-Fraktion heißt es: »Der Minderheitenschutz – auch aus religiösen Gründen – darf nicht dazu führen, dass eine Mehrheit aus falsch verstandener Rücksichtnahme in ihrer freien Entscheidung überstimmt wird. Toleranz bedeutet in einer pluralistischen Gesellschaft auch die Anerkennung und Duldung anderer Esskulturen und Lebensweisen.«

»Falsch verstandene Rücksichtnahme« ist in diesem Zusammenhang ein seltsamer Begriff, mit dem auch CDU-Fraktionschef Daniel Günther in den *Lübecker Nachrichten* zitiert wird.

Man bleibt immer wieder an dieser Stelle hängen. Falsch verstandene Rücksicht? Was wurde denn falsch verstanden? Oder meint man, dass man den Falschen gegenüber rücksichtsvoll war? Ist »falsch verstandene Rücksicht« womöglich nur eine elegante Formulierung für: Rücksicht ja, aber nicht für Muslime?

Es gibt offenbar Politiker, die die Weigerung von Muslimen, Mettbrötchen zu essen, als eine Einführung der Scharia durch die Hintertür betrachten … Was wäre »richtig verstandene Rücksicht«? Vielleicht zu tolerieren, dass Juden auch kein Schweinefleisch essen? Lautet die Devise in der Nord-CDU: Koscher, gut, Halal schlecht? Nahezu alle Deutschen orientalischer und sowjetischer Herkunft, die ich kenne, essen kein Schweinefleisch. Keiner von ihnen ist religiös. Manche haben muslimische Eltern, manche jüdische, manche sind Bahai, Yesiden, Aleviten, Alawiten und so weiter. Die Esskultur von Völkern ist nicht nur eine Folge von Religion, sondern auch von Klima und anderen Faktoren. Sagt ja schon der Name. Es handelt sich um Kultur und Gewohnheit. Sie beizubehalten halte ich für verständlich. Ich wurde mit selbstgekochtem Essen versorgt. Von Eltern, die Vollzeit arbeiteten. Sogar Tomatenmark aus der Tube und Joghurt aus dem Plastikpott lehnten sie ab und stellten beides selber her. Ich lebe und ernähre mich in weiten Teilen genauso wie meine Eltern. Ich verweigere mich der Ernährungsindustrie und der deutschen Esskultur.

Was ich esse, die Art, wie ich mich pflege, die Art, wie ich mein Leben verbringe, ist Teil meiner Kultur. Eine Kultur zu haben ist normal. Eine Tradition zu pflegen ist in Ordnung. Ich bin in einer Gegend in Deutschland zur Schule gegangen, in der man traditionell auf Volksfesten beim Schweinefleisch maßlos zulangt und sich parallel dazu maßlos betrinkt. Nach einer gewissen Überschreitung der Promillegrenze langen sich dann alle gegenseitig in den Schritt. Mir war das immer egal. Aber in 100 Jahren werde ich nicht Teil dieser Kultur. Von mir aus kann diese mir fremde Kultur bestehen bleiben. Tut sie in weiten Teilen auch. Im ICE gibt es fast nur Schweinefleischgerichte. Auf die Trinkgewohnheiten der alkoholfreudigen Reisenden wird Rücksicht genommen, es gibt Bier, Wein und Schnaps im Ausschank. Auf meine Ernährungskultur wird weitestgehend nicht Rücksicht genommen. Ayran sucht man vergeblich, und wenn ich einen Salat bestelle, gibt es immer nur komische dicke Soßen aus der Tüte. Sauerkraut und Currywurst erachte ich in punkto Reisemahlzeit als grobe Verirrung. Mir tun auch die Deutsch-Asiaten leid. Selbst in feinen Hotels und in Zügen sehe ich manchmal, wie sie umständlich ihre mitgebrachten Suppen aufbrühen und Mangos schälen.

Für Muslime zu kochen macht Spaß. Für Juden zu kochen macht noch mehr Spaß. Für Hindus zu kochen ist ein herrlicher Spaß. Für Vegetarier zu kochen ist ein Riesenspaß. Der allergrößte Spaß ist es, für Veganer zu kochen. Für Glutenunverträgliche und Laktoseintolerante zu kochen ist die Pest. Irgendwo hört's auch mal auf!

Was die Schweinefleischangelegenheit aus Kiel betrifft, kann ich nur empfehlen: Macht das Schweineessen zur Leitkultur. Nehmt einen Absatz zum Schweinefleisch ins Grundgesetz auf. Schwört im Kieler Landtag nicht mehr auf die Bibel, sondern auf ein ordentliches Kotelett. Keine Ahnung, ob es sich um richtig oder falsch verstandene Rücksicht handelt, aber das ist wohl egal. Es geht ja doch immer nur darum, dass die Muslime gefälligst sehen sollen, wo der Schweinebraten hängt.

*I*domeni. Bilder aus der Hölle. Es fällt schwer, die fliehenden Menschen zu sehen, die in Griechenland gelandet sind, und sich vom bequemen Sofa aus scheinkluge Gedanken zu machen. Wir haben uns längst bis zur Erschöpfung kommentiert. Ist es das wert? Ist der unbedingte Schutz der europäischen Bevölkerung vor Flüchtlingen so viel wert, dass wir uns das gestatten? Seit Tagen zu sehen, wie Menschen in Idomeni ihre Kinder über einen rauschenden, kalten Fluss tragen, um nach Mazedonien zu gelangen? 71 Jahre nach Ende des Zweiten Weltkrieges sprechen wir über Flüchtlinge und Politik mit einer dem Menschen und seinem Schicksal abgewandten Sprache. Man hat uns Schutzschirme voller Vokabeln gebaut, die uns davor bewahren sollen, zu begreifen, was vor sich geht. Grenzen schützen, Hotspots errichten, Kontingente schaffen, Asylpaket eins und zwei, Plan A 2, Dublin-Verordnung.

Derweil waten Menschen durch das Wasser, werden auf mazedonischer Seite von rabiaten Soldaten festgehalten und ohne mit der Wimper zu zucken wieder zurück nach Griechenland gebracht. Der griechische Ministerpräsident bittet die Flüchtlinge, Idomeni zu verlassen und stattdessen in Lager zu gehen. Dort würden sie versorgt werden. Die Flüchtlinge aber haben Angst. Sie haben Angst, dass sie aus diesen Lagern in andere Lager in die Türkei gebracht werden. Ihre Angst ist begründet. Denn sie wollen keine Lager. Sie wollen ein Leben.

Wo ist die internationale Hilfsorganisationsstruktur? Wieso gibt es keine medizinische Hilfe, keine Nahrung? Wieso schickt unsere Bundesregierung nicht direkt Hilfe nach Idomeni? Man kann erwachsene Menschen im Jahre 2016 nicht zwingen, in ein Lager umzuziehen. Die Menschen sind nicht dumm, sie sind alphabetisiert. Sie wissen, dass ein Lager unter Umständen bedeutet, aus diesen Verhältnissen nie wieder herauszukommen. In einem Lager ist man schutz- und chancenlos. Ein Lager hat keine Infrastruktur. Man kann sich keine Arbeit suchen. Man kann seinem Kind keine gute Zukunft ermöglichen. Man ist in einem Lager nicht Herr über sein Leben. Ich kann die Menschen in Idomeni verstehen. Sie vertrauen niemandem und deshalb überqueren sie den Fluss immer und immer wieder. Weil sie daran glauben, dass es ihnen als Individuum doch gelingt, in ein europäisches Land zu gelangen. Wenn Menschen verzweifeln, orientieren sie sich nicht an Verboten, sondern an Schlupflöchern in die Freiheit. Wer einmal die Schwelle zur Erniedrigung erlebt hat, der macht nicht mehr Halt. Der geht und flieht und hofft weiter.

Wir müssen uns fragen, ob wir über diese Bilder hinwegsehen und weitermachen können. Können wir aufrechte europäische Bürger sein, während vor unseren Türen Menschen verelenden? Menschen, die genau wie wir den Unterschied zwischen einem lebenswerten und nicht lebenswerten Dasein kennen? Grenzen schließen ist keine Politik, sondern eine Maßnahme, die nicht funktioniert. Jeden Tag sehen wir, dass es nicht funktioniert. Ich wünschte, wir hätten – so wie die Rechten es schaffen, mächtige Allianzen der Feindseligkeit zu arrangieren – als europäische Bürger die Kraft, Allianzen der

Geschwisterlichkeit zu den Flüchtlingen zu schmieden. Aber es gelingt nicht. Und so bleibt nur zuzusehen, wie gebrochen, entmutigt und beschädigt zurückbleibt, worauf ich einst so stolz schaute: Europa.

Wie das aussieht, wenn ein Mensch noch lebt, sein Denken jedoch bereits mumifiziert ist, kann man an Horst Seehofer, CSU-Chef aus Bayern, sehr gut beobachten. Er wirft Angela Merkel vor, mit ihrer Flüchtlingspolitik Schuld am Aufstieg der AfD zu tragen. Soll man sich damit auseinandersetzen? Oder soll man ihn einfach ins Museum stellen und Eintritt kassieren? Hat er aus den letzten Jahrzehnten seiner Tätigkeit als Politiker wirklich mitgenommen, dass der Erfolg rechter Parteien Folge einer Politik ist, die sich nicht von Flüchtlingen abwendet?

Ich habe es anders gelernt. Politischer Rechtsextremismus hat im Wesentlichen eine Verstärkerfunktion. Ängste in einer Gesellschaft werden mit dem Ziel verstärkt, das Ressentiment politisch zu legitimieren und für den Wahlerfolg zu benutzen. Rechtsextremismus ist kein Naturphänomen, das sich eindämmen lässt, indem man sich den Schutzbedürftigen gegenüber unsolidarisch verhält. Rechtsextremismus ist eine Methode, die darin besteht, gesellschaftliche Feindbilder zu konstruieren, ständig Belege für die vermeintliche Wahrheit zu erfinden und diese Spirale kontinuierlich weiterzudrehen.

In Seehofers Denkart steckt die merkwürdige These, Rechtsextremismus und Flüchtlingszuzug hätten irgendetwas miteinander zu tun. Rechtsextremismus hat mit konstruierten

Feindbildern zu tun. Unbescholtene werden dabei zu Gegnern erklärt.

»Wir hatten Ängste«, sagte ein Meißener Brandstifter im April vor Gericht aus. »Wir sind die Herrenrasse und ihr das Judenpack«, sagte einer, bevor er in der U-Bahn eine Mutter und ihre Kinder bepisste. Derweil stellt sich die AfD auf öffentliche Plätze und faselt vom »lebensbejahenden, afrikanischen Ausbreitungstyp«.

Für meinen Geschmack reden wir zu wenig über den nazistischen Ausbreitungstyp. Das ist eine Spezies, die es in verschiedenen Ausführungen gibt. Der Typ, der immer dann aus der Sofaritze kriecht, wenn er vermutet, ein Ausländer wolle ihm an die versiffte Jogginghose. Oder der Tweed-Opa mit Lehrbefugnis an irgendeiner Hochschule, der Angst hat, dass seine Tochter sich einem Araber an den Hals wirft und den ganzen edlen, teutonischen Stammbaum über den Haufen bumst. Oder die Rentnerin, die hysterisch wird, wenn sie einfach nur eine dunkelhaarige Person sieht, die in etwas hineinbeißt. (Ist mir neulich passiert. Ich stehe am S-Bahn-Gleis Friedrichstraße, knabbere eine Erdbeere und die Alte kreischt zu ihrer Freundin: »Da stehen sie und fressen Erdbeeren. Ich kann mir keine leisten.«)

Manchmal hat man in diesem Land das Gefühl, dieses vollkommene Fehlen von Hunger und Frieren und das grenzenlose Mitspracherecht in allen möglichen öffentlichen Foren und die totale Anwesenheit von Gesundheitsversorgung 24 Stunden täglich tun dieser Gesellschaft einfach nicht gut.

Bislang reichte es den Leuten, grenzenlos hasserfüllt zu sein. Aber seit kurzem meine ich zu spüren, dass nicht unwesentliche Teile der Bevölkerung Lust darauf haben, dass richtig durchgegriffen wird.

An der Gesellschaftsfähigkeit der AfD tragen alle Parteien Verantwortung und ebenso die Medien. Es fängt schon damit an, dass öffentlich davor gewarnt wird, die AfD zu dämonisieren. Wir sollen Rassisten nicht ausschließen, weil es sich um unbescholtene Bürger handelt, die aus Abstiegsangst rechtsextrem wählen. Ich stamme aus einem armen Haushalt. Aber ausländerfeindlich sind wir nie geworden. Wir wussten genau, wer die Architekten unserer Armut waren.

So jemand wie Sigmar Gabriel, der sich offensichtlich mit fremdenfeindlichen Leuten traf und Schnittchen aß, hat eine Grenze überschritten, die kein anderer Minister im Bundestag zu überschreiten wagte. Das war eine Ohrfeige für Menschen wie mich. Denn diese Pegida-Alten jammerten über Verhältnisse, die sich von denen unserer Gastarbeitereltern kein Stück unterschieden. Mit meinen Alten hat der Herr Sozialdemokrat keine Schnittchen gegessen. Ihnen nicht versprochen, ihre Sorgen und Ängste ernst zu nehmen.

Skurril auch die Anbiederungen an die Rechte in der Linken: Oskar Lafontaine und Sahra Wagenknecht. Sind irre besorgt, dass man der AfD Unrecht tut. Denn im Grunde genommen finden Lafontaine und Wagenknecht auch: deutsche Erdbeeren nur für Deutsche. Da hat sich eine Partei Solidarität mit den Armen auf die Fahnen geschrieben und vergessen zu erwähnen, dass dazu nur arme Deutsche zählen. Politikerinnen wie Petra Pau hingegen werden nicht müde, durch das Land zu laufen und auf jeder Veranstaltung gegen rechts zu demonstrieren und zu diskutieren. Linke Linke oder rechte Linke, was denn nun?

Über die Grünen brauche ich hier kein Wort zu verlieren. Die existieren für mich als politische Partei schon lange nicht mehr. Wenn eine Parteivorsitzende auf einem Kirchentag singt und betet, dann ist für mich der Ofen aus. So bin ich doch gezwungen zu befürchten, dass sie bei ihrer politischen Willensbildung Antworten in der Bibel sucht. Erika Steinbach macht das nämlich auch so. Rosenkranz statt Politik.

Wenn heute im öffentlichen Diskurs durch alle Talkshows hinweg die Frage erörtert wird, nicht ob, sondern dass »fremde Menschen unsere Kultur bedrohen« und die Besetzung der Talkshows so funktioniert: drei Deutsche und ein Moslem – bin ich dann die einzige, die stutzt?

Manchmal, wirklich nur ganz manchmal wünsche ich mir fast, dass die AfD eines Tages den Bundeskanzler stellt. Nur damit die Bürger endlich begreifen, dass sie es wohl niemals begreifen werden. Die Sache wird nicht dadurch einfacher, dass Politiker sich auf eine geradezu zerstörerische Art weigern zu sehen, dass die AfD sich vor allem gegen die Parteien und das System wendet, also gegen sie selbst. Das macht sie zu etwas Explosivem. Die AfD in die Demokratie zu integrieren ist kein Problem. Was aber, wenn es keine Demokratie mehr gibt?

$\mathcal{A}$m 3. Januar 2013 spielte Kevin-Prince Boateng für AC Milan in einem völlig unwichtigen Spiel gegen einen italienischen Viertligisten Fußball und war wie immer extrem erfolgreich. Der Ball schien an seinem Fuß zu kleben, die Fans auf der Tribüne drehten durch. Sie schrien schon eine ganze Weile rassistisches Zeug, machten Affengeräusche, die ganze fiese Folklore – wer sich für Fußball interessiert, weiß, wovon ich spreche. Nichts Neues also. Dieses Mal aber blieb Boateng stehen, nahm den Ball und donnerte ihn mit aller Kraft in die Zuschauerränge. Genau dorthin, wo erwachsene Männer die ganze Zeit ein armseliges Schauspiel veranstalteten, das darin bestand, eine Korrelation zwischen ihrer weißen Hautfarbe und Überlegenheit zu vermuten. Boateng lief quer über den Rasen, der Schiedsrichter, der sich die ganze Zeit zu fein gewesen war, das Spiel zu unterbrechen, stolperte hilflos und lächerlich hinter dem Spieler her und versuchte ihn aufzuhalten. Boateng aber zog im Gehen sein T-Shirt aus, es war, als platzte er vor Zorn aus dem Trikot. Dann folgte ihm ein Spieler der gegnerischen Mannschaft, dann ein zweiter Spieler aus seinem eigenen Team, weitere liefen mit. Von der Zuschauertribüne brandete Applaus auf, als sich alle Spieler auf dem Rasen Boatengs Protest anschlossen und mit ihm gemeinsam den Platz verließen. Der Fernsehkommentator stammelte angesichts der Ereignisse: *Incredibile, veramente incredibile!* Unglaublich, wirklich unglaublich.

Man begriff die Absurdität der Situation. Tagein, tagaus werden auf den Plätzen rassistische Parolen gerufen und die Kommentatoren kommentieren das Spiel einfach weiter, als wäre nichts geschehen. Wehrt sich das Opfer jedoch, leidet der unter Wortfindungsstörungen. Nicht der Rassismus stört das Spiel und seine Regeln. Sondern die Verstörung des Spielers. Boateng hatte gestört. Und dafür gab es keine Worte, keine Rituale, keine Standard-Haltung, auf die man routiniert hätte zurückgreifen können. Das Ereignis als solches verstörte nahezu die ganze Sportwelt. Am nächsten Tag schrieb die *Gazzetta dello Sport*:

»Wir sind alle Boateng. Wir sind schwarz wie er, schwarz im Gesicht, in der Seele, schwarz vor Wut.« Die Vereinten Nationen luden aus Anlass dieser Ungeheuerlichkeit den gebürtigen Berliner Kevin-Prince Boateng ein, in Genf zu sprechen. Eine seltene und große Ehre. Boateng hielt seine Rede:

»Zu glauben, man könnte den Rassismus besiegen, indem man ihn ignoriert, ist der größte Fehler, den wir machen können. Rassismus ist nicht nur ein Thema für den History Channel. Rassismus ist real und er existiert hier und heute. Man kann ihn in den Straßen finden, bei der Arbeit oder im Fußballstadion.« Die Vereinten Nationen ließen Applaus aufbranden. CNN, einer der größten und renommiertesten TV-Sender der USA, befragte ihn in einem großen Exklusiv-Interview prominent platziert zu seinen Erfahrungen. Die ganze Welt schrieb über all das. Über den Rassismus. Wie er zu bekämpfen sei. Wen er in den Stadien betrifft. Von wem er ausgeht. Was die Sanktionen sein könnten. Fast die ganze Welt.

Ich stelle mir gerade vor, was gewesen wäre, wenn anlässlich von Kevin-Prince Boatengs Rede ein ARD-»Brennpunkt« produziert worden wäre. Damit hätte sie gezeigt, dass sie dem Thema Rassismus im Sport einen gewissen Stellenwert beigemessen hätte.

In Boatengs Heimat Deutschland erwähnte die *Bildzeitung*, dass der »Ghetto-Kicker« eine Rede vor den Vereinten Nationen hielt. Ghetto-Kicker. Boateng spielt seit seinem siebten Lebensjahr in den besten Vereinen. Er ist im Berliner Wedding geboren, seine Mutter arbeitete in einer Keksfabrik. Eine super Karriere. Eine Aufsteiger-Story sondergleichen. Aber Ghetto ist wirklich was anderes. Andere deutsche Zeitungen erinnerten daran, dass es sich bei Kevin-Prince Boateng um einen Spieler handele, der Michael Ballack foulte, verletzte und um die Teilnahme bei der WM in Südafrika brachte und, ach ja, vor der UNO geredet habe. Übrigens in einem »dunklen Dreiteiler« (*FAZ*), vom »Ballack-Treter zum Tugend-Apostel« (*Spiegel*) und so weiter. So berichtet man in Deutschland. Mit dieser Häme und Verachtung und Geringschätzung. Die popelige *Gazzetta dello Sport* hat – in zugegebenermaßen etwas fiebrigem Sound – den Punkt erkannt und sich positioniert. Der *Spiegel* mit seinem »Tugendapostel«-Zitat für einen Schwarzen, der vor der UNO eine Rede gegen Rassismus hält, aber auch.

Nun ist der andere Boateng, nämlich Jerôme, Halbbruder von Kevin-Prince, vom AfD-Politiker Alexander Gauland in eine Diskussion gezogen geworden, auf die er wahrscheinlich keine Lust hat. Dabei hat Gauland mit jeder Silbe seiner Bemerkung Recht. Die Ghetto-Kicker und Tugendapostel dürfen gerne Titel für Deutschland holen, aber wohnen sollen sie lieber woanders.

Deutschland kriegt sich gerade nicht ein. Weil, ja wieso eigentlich? Weil der Befund stimmt? Oder weil er aus falschem Mund kam? Nun halten viele Fans Schilder in die Höhe, auf denen steht, dass sie sehr wohl neben Jerôme Boateng wohnen wollen. Klar möchten viele lieber einen Fußballer aus der deutschen Nationalmannschaft neben sich wohnen wissen. Aber nicht um seines Menschseins willen, sondern weil er Nationalspieler ist. Wäre Boateng mit einem Boot aus Ghana über das Mittelmeer nach Europa gekommen, würde ihn niemand in der Nachbarschaft wollen. Untersuchungen belegen das immer wieder. Wer Rassist ist, macht vor Fußballern nicht halt.

Mario Balotelli, der wie Boateng für AC Milan spielte, sagte einmal, angesprochen auf die Bananen und Affengeräusche, mit denen er auf dem Platz gedemütigt wurde, dass der Rassismus auf dem Platz zu einem Gefühl der Einsamkeit führe. Weil niemand für einen aufsteht. In einem CNN-Interview wird er befragt, ob er von der FIFA Unterstützung erfahre. Darauf antwortet er: »Dazu möchte ich nichts sagen.« Mit anderen Worten: nein.

Hat eigentlich irgendjemand von den Spitzen unserer deutschen Sportwelt irgendetwas von Belang zum Thema gehört? Irgendetwas, das nicht mit Respekt und Blabla zu tun hat? Irgendetwas, mit dem man riskieren würde, dass hunderttausend zahlende Fans sich angewidert abwenden, weil ihnen jemand von DFB oder DFL mal gehörig die Meinung pustet und sagt, dass sie Rassismus nicht dulden, und auch erzählt, wo Rassismus anfängt? Stattdessen hört man aus der Sportelite, die Sache sei »geschmacklos« und »unverantwortlich«. Es wurde noch rasch ein Video gesendet, wo alle Köpfe der deutschen Nationalmannschaft zu sehen sind, zusammen mit dem Spruch »Wir sind Vielfalt«. Peinlicher Minimalkonsens. Mehr war nicht drin. Mehr ist in Deutschland nie drin.

Sollte demnächst im Mittelmeer ein Boot mit Flüchtlingen untergehen und jemand von der Bundesregierung traurig bedauernd Beileid bekunden, lautet meine Antwort: »Bitte heucheln Sie woanders. Nie war es einfacher, gegen das Sterben zu votieren, als vergangenen Freitag im Bundestag. Sie wollten, dass Frauen, Männer und Kinder ertrinken, statt ihnen zu erlauben, Flugzeuge zu besteigen.«

Das Gesetz, das Fluggesellschaften verbietet, Flüchtlinge ohne gültige Einreisepapiere transportieren zu dürfen, ist eine Menschenrechtsverletzung. Trotzdem wurde es durchgewunken. Die Fluggesellschaften halten sich an das Verbot, nicht aber die Flüchtlinge. Sie nehmen dann andere, viel gefährlichere Wege. Es ist also ein Gesetz, das nicht wirkt. Normalerweise werden Gesetze, die nicht wirken, geändert. In der Flüchtlingspolitik aber herrscht verkehrte Welt. Wer zu Fuß ohne Einreisepapiere in Deutschland ankommt, kann einen Antrag auf Asyl stellen. Mit dem Flugzeug angekommen aber nicht.

Allein das Wort: Flüchtlingspolitik. Erkennt irgendjemand in irgendeiner Maßnahme, die in Sachen Geflohener beschlossen wurde, etwas, das Kriegsflüchtlingen nützt? Warum erhalten Syrer vermehrt nur einen subsidiären Schutz und keinen auf Grundlage der Genfer Flüchtlingskonvention? Und warum ist der Familiennachzug für jene, die subsidiären Schutz bekommen, für zwei Jahre ausgesetzt? Warum müssen sie zwei Jahre warten, bis sie Eltern oder Kinder nachholen dürfen? Spekuliert die Bundesregierung darauf, dass es sich biologisch erledigt? Zwei Jahre Wartezeit bewirken doch bloß, dass das Risiko zurückgebliebener Kinder, in Syrien zu sterben, eklatant steigt. Oder sieht irgendwer etwas Positives an dieser neuen Regel, das ich nicht erkenne? Kann ja sein, dass ich doof bin und nichts verstehe.

Die Begründung des Innenministers geht so: »Die Einschränkung des Familiennachzugs mag hart erscheinen. – Sie ist hart, einverstanden. Sie ist aber notwendig, um eine Überlastung der Aufnahmesysteme in unserem Land zu verhindern. Hören Sie gut zu! Der nächste Satz wird Sie vielleicht noch mehr ärgern; aber ich halte ihn trotzdem für richtig. – Wir wollen nicht, dass Eltern ihre Kinder vorschicken, teilweise einer Lebensgefahr aussetzen, um anschließend selbst nachzukommen. Das wollen wir nicht.«

Habe ich das richtig verstanden? Hat er gesagt: Wir wollen die Kinder vor der Lebensgefahr auf dem Meer schützen. Sie sollen lieber im unsicheren Syrien ausharren? Wir sind gegen sichere Fluchtwege.

Hat er *das* gemeint? Das ist so verwirrend, dass man nicht weiß, wie man diese verquere Logik entwirren soll. Man könnte seitenlang so weitermachen. Ein anerkannter Flüchtling bekommt 135 Euro. Warum muss er neuerdings 10 Euro für seinen Deutschkurs bezahlen? Warum, wie in Berlin, zusätzlich fast 40 Euro für sein Monatsticket?

Ich denke, das Asylpaket II ist einfach nur schmieriges Anwanzen an die Neue Rechte. Es gibt keinen einzigen seriösen Kommentator, der in den beschlossenen Flüchtlingsgesetzen auch nur einen Hauch einer sinnvollen Entscheidung gesehen hat.

Ich hoffe, dass die Flüchtlinge bald gut genug Deutsch sprechen werden, um nachlesen zu können, welche Parteien es waren, die in Kauf nahmen, dass ihre Leute im Meer ertrinken.

Freitag haben für die Lebensgefahr und gegen sichere Fluchtwege im Bundestag gestimmt: CDU. CSU. SPD.

Wir Kulturleute sollten aufhören, uns einzureden, wir wären ohnmächtig. Immerhin blicken wir gemeinsam und erstaunlich klar in die Abgründe unserer Zeit. Eine Zeit, in der
wir mit unseren Mitbürgern Kämpfe ausfechten, von denen
mancher meinte, dass sie längst ausgefochten seien.

Wer von uns hätte je gedacht, dass wir in Deutschland
ernsthaft darüber nachdenken, ob es juristisch problematisch
wäre, auf unbewaffnete Zivilisten mit scharfer Munition zu
schießen?

Wer von uns hätte je gedacht, dass wir Menschen, die zum
Zweck der Lebensrettung eine europäische Grenze übertreten,
als illegale Einwanderer bezeichnen und nicht als das, was sie
sind, nämlich Flüchtlinge? Dass es eines Tages in Deutschland
völlig selbstverständlich sein würde, an jedem beliebigen Tag in
der Woche Zeitungen aufzuschlagen und auf Artikel zu stoßen,
in denen die Rede davon ist, dass ein Muslim einen Kiosk über-
fallen habe, eine Muslima Landtagspräsidentin geworden sei,
ein Muslim in Erwägung für das Amt des Bundespräsidenten
gezogen werde. Die Beschreibung und Begrenzung eines Menschen auf seine Religionszugehörigkeit ist in meinen Augen ein
längst verloren geglaubter Abgrund.

So wie ich es auch als Abgrund betrachte, dass in unserem
Nachbarland Polen ernsthaft ein Abtreibungsverbot diskutiert
wurde. Dass man in Ungarn nur noch Christen wohnen lassen
möchte. Dass Roma mitten im Europa des 21. Jahrhunderts

in Slums leben. Dass Flüchtlinge auf ihren Fluchtrouten – angefangen von der Türkei bis nach Deutschland – in europäischen Ländern geprügelt werden, ohne dass sich irgendwer dafür vor Gericht rechtfertigen muss.

Nicht zu vergessen die semantischen Abgründe: Die Grenzschließungen innerhalb Europas sorgten dafür, dass sich immer mehr Flüchtlinge in Griechenlands Lagern ansammelten. Sie können weder aus- noch weiterreisen. Dieser Zustand wird »Rückstau« genannt. Es handelt sich aber nicht um einen »Rückstau«, sondern um das Einsperren von Menschen. Diese Maßnahme macht aus Flüchtlingen Gefangene, die zu Tausenden unter freiem Himmel ausharren müssen, es gibt weder ausreichend Nahrung, Wasser oder trockene Kleidung.

Hat irgendjemand von Ihnen einmal die Zeit gestoppt, die es gebraucht hat, bis die sprachliche Verwandlung von der Flüchtlingskrise zur europäischen Krise vollzogen wurde, also einer Krise, die nicht mehr die Fliehenden, sondern die Europäer betrifft? Ist denn das so? Sind wir Europäer die Leidtragenden von Krieg und Verfolgung?

Die neueste rhetorische Verrenkung ist die Forderung, das Wort »völkisch« vom Stigma des Verbotenen zu befreien. Schließlich handele es sich laut Frauke Petry von der AfD doch lediglich um ein harmloses Adjektiv, abgeleitet vom Substantiv Volk. Hier soll ein Wort von der Tatsache getrennt werden, dass am Anfang der Vernichtung von sechs Millionen europäischen Juden die völkische Idee stand.

Man liest sich durch die zeitgenössischen Essays angesehener Publizisten oder Schriftsteller, erfährt die neuen Umfragewerte für die nächsten Wahlen und findet sich in einem politischen

Alltag wieder, der als großer Rechtsruck beschrieben wird. Er vollzieht sich auf so vielen Ebenen, dass man gar nicht weiß, wohin man zuerst schauen soll. Nach und nach demaskieren sich Buchverlage, Zeitungen, Fakultäten, Forschungsinstitute, Schulen, Polizeigewerkschaften, Menschen und Institutionen aus vielen unterschiedlichen Bereichen des gesellschaftlichen Lebens als Sympathisanten einer rechten Ideologie.

Politische Begriffe und Ideen, die das letzte Mal in faschistoiden Zusammenhängen verwendet wurden, werden von ihrer Bedeutung abgekoppelt. Rechtsextreme Demonstranten schreiben auf ihre Plakate, dass Nationalsozialisten Linke seien, was indirekt als Legitimierung fürs Naziseindürfen gemeint ist. Als Kronzeuge und Urheber der Idee, als seriöse Quelle steht da allen Ernstes Joseph Goebbels. Man müsste, um dagegen zu argumentieren, wieder zurück in die Kategorien und Logik der NS-Politik. Von der Polizei beanstandet wurde übrigens nicht das Plakat mit dem Goebbels-Zitat, sondern der Stock, an dem das Plakat hing, weil die für Kundgebungen zulässige Plakatstock-Länge von zwei Metern überschritten wurde.

Es wird womöglich nicht lange dauern und wir werden ausführlich in der Öffentlichkeit diskutieren, ob das Zitieren von Goebbels und anderen Nationalsozialisten als Beleg fürs Abdriften in die Radikalität gelten könnte. Man kann die Sprache der Nazis aber nicht von ihren Taten trennen. Es beginnt immer mit Sprache. Sie bereitet die gesellschaftliche Akzeptanz für die folgenden politischen Maßnahmen vor. Irgendwann nimmt man den Extremismus nicht mehr als außergewöhnliche politische Abweichung wahr, sondern betrachtet ihn als Bestandteil der Normalität.

Sämtlich Positionen, die die rechtsextremen Parteien in die Öffentlichkeit tragen, ganz gleich ob Familien-, Integrations- oder Flüchtlingspolitik, werden durch die Linse des politischen Randes betrachtet. Auch die schrillste Äußerung wird in der Abendtalkshow zur Disposition gestellt.

So wandern strammkonservative bis rechtsextreme Ansichten Stück für Stück in die politische Agenda der anderen Parteien ein. Obwohl die Rechtsextremen in der Minderheit sind, sind ihre Anliegen der tägliche Gesprächsstoff der Mehrheit.

War es nötig, dass wir die Selbstbezeichnung der »besorgten Bürger«, den die rechtsextreme Bewegung für sich erfand, übernehmen? Ist das Wort »Abendland«, das ausgegraben wurde, um es synonym für die christliche Gesellschaft in Abgrenzung zu nichtchristlichen Mitbürgern zu verwenden, im politischen Diskurs tatsächlich derart unverzichtbar, dass er neuerdings auch außerhalb der Neuen Rechten auftaucht? Irgendwann lernte man ja mal, dass Demokratie bedeute, immer im Gespräch zu bleiben. Daraus entsteht eine gewaltige Dynamik. Sie ist dafür verantwortlich, dass die antidemokratischen Parteien nicht mehr als notwendiges Übel einer Demokratie, sondern zu ihrem unverzichtbaren Bestandteil erklärt werden.

Als ich vor fast 30 Jahren das Abitur ablegte, waren rechtsextreme Parteien mit geschlossenem völkischem Weltbild ein Tabu im politischen System. Die Anstrengungen über alle Parteigrenzen hinweg, jeglicher Rechtsaußen-Bewegung den Schwung zu nehmen, waren kolossal. Heute sitzen Politikprofessoren in den Talkshows der öffentlich-rechtlichen Sender und erklären die Existenz einer Partei wie der AfD als Notwenigkeit zum Schließen einer »Repräsentationslücke«.

Es gäbe eine Alternative zur rechtsextremen, völkischen und antidemokratischen Normalität. Nämlich sie wieder zur Anormalität zu erklären. Die politischen Parteien haben offenbar die Kraft oder den Mut verloren, darauf zu beharren, die Verachtung und den Hass auf eine vielfältige und durchlässige Gesellschaft als Regelwidrigkeit zu beanstanden. Sie haben sich der Taktik der Rechtsextremen ergeben. Wir erfahren, dass in deutschen Städten Flüchtlinge oder Menschen mit Migrationshintergrund gejagt und verprügelt, in ihren Häusern aufgesucht und verletzt oder ihre Heime angezündet werden. Wir begreifen, dass diese Verbrechen von der Polizei nicht mehr mit der nötigen Entschlossenheit geahndet werden, weil auch sie bereits von der Idee angesteckt ist, dass man sich für seinen Antiflüchtlingskurs nicht zu schämen habe.

Also müssen wir, die wir das alles anders sehen – Künstler, Schriftsteller, Regisseure, Schauspieler, Dramaturgen, Sänger, Dichter, die Zivildienstleistenden der Kultur –, zeigen, dass es möglich ist, über religiöse, ethnische, politische oder sexuelle Minderheiten anders zu reflektieren und zu sprechen.

Das muss nicht in direkter Reaktion auf den herrschenden Diskurs geschehen. Wir müssen uns nicht zur völkischen Idee positionieren. Wir müssen uns nicht belästigt fühlen durch Flüchtlinge. Wir müssen nicht Stellung zur vermeintlichen Gefahr durch die muslimische Einwanderung beziehen. Wir müssen uns die Sorgen der Besorgten nicht aneignen. So machen es derzeit 28 europäische Staaten und scheitern alle mit dieser Strategie. Es nützt nichts, die Positionen der Rechten für illegitim zu erklären, um dann trotzdem in deren Sprache über deren Themen zu reden.

Die Liste des Unbehagens ist lang. Aber, ich sagte es zu Anfang und das ist die gute Nachricht, wir schauen in diese Abgründe nicht allein. Wir sind nicht machtlos noch ohnmächtig.

*D*rei Studien erreichten uns diese Woche:
Ein in London gegründetes Meinungsforschungsinstitut namens YouGov verglich zwölf europäische Länder miteinander und kam zu dem Ergebnis, dass Deutschlands Zustimmungsrate zu populistischen Thesen am niedrigsten sei. Die Zeitungen titelten: »Deutsche am wenigstens rechts«.

Die Friedrich-Ebert-Stiftung beauftragte den Bielefelder Sozialforscher Wilhelm Heitmeyer, die Deutschen und ihre Einstellung zu »gruppenbezogener Menschenfeindlichkeit« zu untersuchen. Die Forscher kamen zu dem Ergebnis, dass die Mitte der Gesellschaft sich in zwei Lager polarisiere. In einen größeren Teil, der Flüchtlinge und Einwanderung befürwortet, und einen kleineren Teil, der sich radikalisiert, Gewalt gegenüber Minderheiten als legitim erachtet und meint, dass die Weißen zu Recht die Welt führen. Ein Fünftel aller Befragten, aus beiden Gruppen, äußerte Ressentiments gegenüber Muslimen. Die Zeitungen titelten: »Der Riss in der Mitte«.

Die dritte Studie entstand im Auftrag der Sächsischen Staatsregierung und heißt »Sachsen Monitor«. Daraus geht hervor, dass sich die Mehrheit der Sachsen in gefährlichem Maß überfremdet fühle. In der Gruppe der 18- bis 29-Jährigen ist man dem Nationalsozialismus gegenüber unkritisch eingestellt. Die ostdeutschen Medien titelten: »Sachsen ist demokratieskeptisch«. Der Deutschlandfunk titelte: »Sachsen hat ein Rassismus-Problem«.

Wer möchte, kann also guten Gewissens sagen: Deutschland ist stark und verteidigt seine Demokratie und die Menschenrechte. Wer mag, kann aber auch sagen, Deutschland wird radikaler, menschenfeindlicher und gewaltbereiter.

Für beide Auffassungen gibt es Belege und beides ist richtig. Wahr ist auch, dass sich eine kleinere Gruppe gegenüber einer größeren Gruppe behaupten und die Gesellschaft damit ins rechtsextreme Spektrum kippen kann. Die Trump-Wahl ist ein Beispiel dafür. Obwohl mehr Amerikaner gegen ihn stimmten, wird er doch Präsident. Das hat mit dem Wahlsystem zu tun. Genauso beim Brexit. Obwohl die Mehrheit der Briten dagegen war, hat sich die Minderheit durchgesetzt, weil sie mehr Menschen mobilisieren konnte, an der Abstimmung teilzunehmen. Obwohl die Mehrheit der Deutschen die Aufnahme von Flüchtlingen befürwortet, steigt die Zahl der Abschiebungen und die Zustimmung für die AfD wächst. Wir begreifen, dass Minderheiten Politik bestimmen können, auch wenn sie gar nicht an der Macht sind.

Wie schafft man es nun, sich die Themen nicht mehr von einer rechtsradikalen Minderheit diktieren zu lassen? Es gibt viele Wege, den öffentlichen Diskurs umzugestalten. Man kann Facebook, wo ein Großteil der Mobilisierung stattfindet, keine Regeln diktieren. Merken die Konsumenten ja selber. Aber sie vergessen: Es ist ein Unternehmen, das ein Produkt anbietet. Man kann sich gegen das Produkt entscheiden und die Rechtsradikalen, Wütenden und Hassenden sich selbst überlassen. Man kann Gewalttäter aus der Mitte der Gesellschaft sauber in Studien ablegen und zur Kenntnis nehmen. Man kann sich aber auch entscheiden, jeden einzelnen Täter und rassistischen Kommentator ins Licht der öffentlichen Aufmerksamkeit zu zerren. Jede Zeitung könnte täglich eine Seite für diese Fälle reservieren und sie kommentarlos veröffentlichen. Auch als Nichtjournalist ist es möglich, Hass öffentlich zu machen. An der Pinnwand des Supermarktes. Hängen Sie den Text auf und schreiben Sie den Absender dazu. Kommentieren Sie das Ganze mit einem Filzstift!

Gesellschaft bedeutet in Beziehung zueinander zu leben. Die Vorstellung, dass immer das Gegenüber etwas verändern muss, damit man selbst zufriedener wird, ist ein sehr hilfloser Gedanke.

Mich nerven jene Leute, die vieles für inakzeptabel halten, aber keine Konsequenz daraus für ihr eigenes Handeln ziehen. Die einen immer am Blusenzipfel anfassen und sagen: »Ist das nicht schlimm und müsste man das nicht verbieten?« Würde man zurückfragen: »Wo genau sorgst du für ein Gegengewicht?«, wird es dünn. Einfach nur privat eine Meinung haben führt zu keiner Veränderung. Es ist wie mit den Studien. Erkenntnis erlangt. Und nun?

*A*fD-Vorstand will Höcke rauswerfen!« Konnte man als Überschrift vergangene Woche in vielen Medien lesen. Über so etwas habe ich mich früher wirklich kaputtgelacht. Wenn Nazis sich untereinander nicht mehr verstehen, weil einige von ihnen zu sehr nach rechts abdriften …, diesen Satz muss ich nicht wirklich zu Ende ausführen, oder? Hintergrund der Meldung ist, dass AfD-Landeschef Björn Höcke in Dresden eine Rede hielt, in der er das Holocaust-Mahnmal denunzierte. Die Deutschen, so findet er, seien das einzige Volk der Welt, das sich ein »Denkmal der Schande ins Herz der Hauptstadt gepflanzt« habe.

Ich erlaube mir, Höcke zu korrigieren: Wir haben uns sogar zwei Mahnmale ins Herz der Hauptstadt gepflanzt. Gleich neben dem Denkmal für die ermordeten Juden in Europa steht nur wenige Meter entfernt die Gedenkstätte für die während der Naziherrschaft ermordeten Sinti und Roma.

Neben sechs Millionen Juden wurden Sinti, Roma, Behinderte, Homosexuelle, sogenannte Asoziale und Oppositionelle getötet. Anzahl und Größe der Denkmäler wirken im Angesicht dieser Opferzahlen doch recht bescheiden. Nun spielt die AfD-Spitze Empörung, als wäre mit Höckes Beitrag das Maß voll. Was natürlich Blödsinn ist. Bei Faschisten ist das Maß nie voll.

Frauke Petrys Betroffenheit angesichts der Höcke'schen Rede ist deshalb verlogen, weil sie vor ziemlich genau einem Jahr selber fast rausgeflogen wäre. Aufgeregt und mit roten Bäckchen schlug sie vor, dass man die Flüchtlinge einfach erschießen könne. Flüchtlinge zu erschießen war sogar der NPD zu viel. Jürgen Schützinger, damaliger Landeschef der NPD in Baden-

Württemberg, war entsetzt und erschrocken und distanzierte sich von der AfD. Er veröffentlichte eine Stellungnahme, in der die NPD von »diesem obskuren Ansinnen« Abstand nahm, denn das Erschießen von Flüchtlingen entspreche nicht dem »nationaldemokratischen Humanitätsbild«.

Man muss der NPD beipflichten. Sie war stets dafür, dass Ausländer rausfliegen, aber auf fliegenden Teppichen. Die abgeschobenen schnauzbärtigen Passagiere saßen auf NPD-Plakaten nationaldemokratisch humanitär auf Läufern und flogen durch die Lüfte. Auf anderen Plakaten stand »Gas geben«. Bei Erschießen hört's aber auch für die NPD auf.

Frauke Petry musste angesichts ihres Schießbefehls an deutschen Grenzen um ihr politisches Überleben kämpfen und ruderte zurück. Sie korrigierte das in der Öffentlichkeit entstandene Missverständnis. Demnach sei von Erschießen nie die Rede gewesen, sondern lediglich von »Schusswaffengebrauch«.

Ich lache schon lange nicht mehr. Über nichts von alledem. Ich frage mich, wann der richtige Zeitpunkt für Widerstand ist. In jeder Gesellschaft gibt es einen Punkt, an dem Umkehr nicht mehr möglich ist. Wenn ein Großteil der Medien darüber diskutiert, ob und wie sehr diese eine Person problematisch sei, dann ist hier etwas gewaltig verrutscht.

Ich habe keine Lust mehr, mir Gedanken darüber zu machen, ob die AfD in Teilen nationalkonservativ oder -liberal, rechtsextrem oder lediglich rechtspopulistisch ist. Auch die Frage, ob nun alle oder nur ein Teil der Anhänger rechtsextrem sind, ist unerheblich. Waren alle NSDAP-Mitglieder mit dem gesamten Programm einverstanden? Gab es nicht auch in der SS Männer, die Skrupel hatten? Spielt das eine Rolle? Ich denke nicht.

Die AfD ist nationalistisch und faschistisch. Vor drei Jahren hatte sie ihren Gründungsparteitag. Es gibt aus dieser Zeit AfD-Papiere aus Bayern und Berlin, in denen die Partei versichert, weder rechts noch links zu sein, sich weder gegen Minderheiten noch Homosexuelle zu wenden und Antisemitismus abzulehnen. Seit drei Jahren sind wir jeden Tag damit beschäftigt, wie Detektive Quellen und Originalzitate zu veröffentlichen, die das Gegenteil beweisen. Seit über 1000 Tagen machen wir kaum noch etwas anderes.

Schaue ich in mein privates Umfeld, sehe ich Künstlerkollegen, Schriftsteller, Leute, mit denen ich zu tun habe, die alle müde von diesem Mist sind. Sie leben in der Hoffnung, dass alles vorübergehen wird. Doch das wird es nicht.

Wenn ein Land die Welt in Schutt und Asche legte und Millionen Menschen ermordete und diese Vorgänge aufgearbeitet hat, wirklich aufgearbeitet, akribisch, pedantisch, bis ins letzte Detail – und keine paar Jahrzehnte später wieder gegen diesen alten Müll kämpft, dann stimmt doch was mit diesem Volk nicht. Aus unserer Mitte ist dieser Scheiß entsprungen. Nicht von außen, nicht von den Rändern, nicht gesteuert aus dem Ausland. Mitten aus der deutschen Mitte!

*D*er Witz ist, dass man sich nie öffentlich traut, darüber zu spekulieren, wie es wohl sein wird, wenn sie uns eines Tages deportieren. Der Witz besteht natürlich nie darin, dass sie es tun würden, wenn sie könnten, sondern darin, dass wir uns nicht trauen, es laut auszusprechen. Und zwar aus, man halte sich bitte fest, Pietät. Ihnen gegenüber. Nicht denen gegenüber, die das schon einmal erlebten, denn die sind ja bekanntlich die letzten, denen diese Möglichkeit nicht wahrscheinlich erscheint. Nein, *ihnen* gegenüber trauen wir uns das nicht. Wir wollen sie nicht in die Bredouille bringen. Sie fühlen sich dann nämlich immer so schlecht. So in die Ecke gedrängt, unschuldig beschuldigt, benachteiligt, stigmatisiert.

Jetzt schreien sicher ganz viele wieder auf. Ihr, wir, sie, ihnen – wer genau ist damit gemeint? Also bitte! Wem ich das erklären muss, der hat ja nun wirklich Erbseneintopf in der Birne. Alle mit Erbseneintopf in der Birne mögen bitte Tichys Einblick, Broders Auswurf oder wie auch immer diese ganzen »Debattenmagazine« heißen, abonnieren. Bei denen lernt man sehr genau, wer wer ist.

Diesen Sommer saß ich mit Mehmet Yılmaz zusammen. Das ist der einzige Schauspieler bei uns im Gorki-Ensemble, den sie nicht verkleiden müssen, wenn er einen Türken auf der Bühne spielt. Jede zusätzliche Kostümierung würde das ihm von der Natur gegebene übertrieben starke türkische Aussehen in eine unglaubwürdige Richtung lenken.

Wir trafen uns in Kreuzberg im Teehaus, wo ich einen Tee für 70 Pfennig trank, und er – war ja klar! – einen Bio-Amsel-Gangbang-Fanta-Phantasie-Shot für sieben Euro neunzig den Schluck.

Wir saßen da und ich sagte: »Memo, was glaubst du, bringen sie uns mit der Deutschen Bahn ins Lager?«

Er sagte: »Deutsche Bahn? Träum weiter! Die wollen, dass wir ankommen. Die deportieren uns mit FlixBus.«

Ich dachte, stimmt. Die sind doch nicht blöd. Die laden sich doch nicht 'ne Million von unserer Sorte in Berlin in den

ICE und in Spandau kommt dann die erste Durchsage: »Bord-
bistro mit eingeschränktem Angebot«, in Braunschweig die
zweite: »Heute leider nur kalte Speisen«, und ab Wolfsburg gibt
es nur noch »Carat Naturelle« von Christinen Brunnen. Unsere
Leute würden noch an Ort und Stelle eine Massenschlägerei
anzetteln und das Technische Hilfswerk müsste evakuieren.

Ich fragte einen deutschen Kollegen von der Zeitung, er heißt
Günther, ob ich mir bei ihm einen Unterschlupf reservieren
könne. Er reagierte irritiert: »Unterschlupf? Wofür?«

Ich sagte: »Also hör mal, Günther. Bald beginnt hier in
Deutschland die Wende, der totale Umsturz, gewissermaßen
die ganz große Ladenräumung wegen neuem Sortiment, ist
doch klar, dass ich auf Solidarität angewiesen bin.«

Ich schwöre, er sagte: »Ääh, sorry, bei uns ist kein Platz.«

Ich schrie: »Waas? Hast du mir nicht erzählt, dass ihr euch in
eurer Eigentumswohnung im Bötzow-Viertel einen begehbaren
Kleiderschrank eingebaut habt? Im zweiten deutschen Krieg
wurden zum Teil drei Erwachsene in einem Kleiderschrank
versteckt und du willst mir sagen, dass in deinem begehbaren
Exemplar kein Platz für mich sein wird?«

»Vallah«, sagte er, »das musst du verstehen, das ist ein Durch-
gangszimmer, da müssen unsere Zwillinge abends zu ihren
Schlafräumen durch.« »Schlafräume, Günther?« Er nickte und
sagte: »Bedaure, es geht nicht.«

Ich war geknickt, enttäuscht, fix und fertig. Doch innerlich
dachte ich, intuitiv traf er die richtige Entscheidung. Die Un-
tergetauchten damals waren genügsam und demütig. Niemand

beklagte sich. Nachdem der zweite deutsche Krieg vorbei war, gingen sie ganz normal zum Einwohnermeldeamt, meldeten sich um und lebten weiter, als wäre nichts gewesen. Sie klagten nicht, sie machten es den anderen nicht unnötig schwer. Unsere Leute wären anders. Es fängt ja schon damit an: Wenn du drei von uns in einer Wäschetruhe versteckst und nach sechs Jahren die Klappe öffnest, kommen doppelt so viele raus. Wie die Karnickel.

Neuerdings haben unsere Leute ja auch Allergien und Unverträglichkeiten. Früher hast du denen eine Kartoffel gegeben und etwas zum Lesen. Damit kamen sie eine Woche über die Runde. Unsere Leute sind anders: »Kannst du bitte was ohne Gluten organisieren?« Und: »Starte mal den Router neu, wir haben schon wieder kein Internet in der Truhe.«

Egal, wo ich bin. Überall erzählen sich die Leute die gleichen Geschichten. Jeder fragt sich: Kommt bald das Ende? Muss es erst einmal so richtig untergehen, damit es wieder normal werden kann? Muss man weg? Wann genau hatten die anderen beschlossen zu gehen? Ist ja nicht so, dass Menschen immer erst dann gehen, wenn die Gefahr konkret von einem Krieg oder einer Vertreibung ausgeht. Die, die gehen, bereiten sich darauf auch vor. Die sind ja nicht blöd. Die sehen, wie es läuft. Selbst die Dümmsten unter ihnen spüren die Witterung. Dafür braucht es keine Regierungserklärungen, Statistiken, Fernsehbilder. Das liegt in der Luft. Die betroffenen Arten spüren den Wetterumschwung immer ein bisschen früher. Sie sind wie Vögel.

»Nee wa?«, rufen einem manchmal die Entsetzten entgegen, wenn man sich ihnen anvertraut, »jetzt vergleicht ihr euch aber nicht mit denen?!«, heißt es dann. »Die waren wirklich betrof-fen, das waren echte Opfer«, rufen sie einem völlig entgeistert entgegen, »das damals war ganz neu und einzigartig. Das war EINZIGARTIG!!!«

Man sagt dann nichts. Man denkt, sicher, alles ist zu seiner Zeit neu und anders.

Heute würden sie wahrscheinlich anders vorgehen. Zeit-gemäßer, umweltgerechter. Hinterher werden sie dann sagen: »Vergebt uns. Wir luden Schuld auf uns. Aber wenigstens ha-ben wir die Feinstaubbelastung gering gehalten. Wir haben das Kyoto-Protokoll berücksichtigt. Der CO_2-Abdruck eurer De-portation kann sich sehen lassen.« Alles ist eben zu seiner Zeit horrend und nie dagewesen. Mein Gott, ich weiß doch auch nicht, wie es sein wird, wenn es sein wird.

Memo jedenfalls zündete sich eine seiner Bio-Zigaretten an und hielt mir einen Vortrag darüber, dass dieser Tabak, den er kiloweise inhaliert, reinstes, vitaminreichstes Stroh sei, weil ohne Beigabe von »Zusatzstoffen«, wie sie die »Zigaretten-mafia« – seine Worte, nicht meine – in ihre Produkte mischen würde. Ich habe einfach nur gesagt: »Liebling, gewöhne dir das Zeug schon mal ab.« Und dann mussten wir lachen. Sehr la-chen. Lang und laut. Bis einer von uns beiden sich zusammen-riss und dem anderen einbläute: »Noch lachst du, noch!« Und dann mussten wir erst recht lachen. Irgendwie kann man es dann doch nicht glauben. Aber sicher ist man sich auch nicht.

*D*raußen wütet eine rechtsextrem aufgewühlte Bürgerschaft, die sich im Was-weiß-ich-was-Krieg befindet und ohne mit der Wimper zu zucken bereit ist, die Demokratie abzuwählen. Alles, was den Parteien als Strategie dazu einfällt, ist »Bürgerdialog«.

Bürgerdialoge sind von der Politik moderierte Kaffeekränzchen, wo jeder ans Mikrofon und aufgebracht Groll äußern darf. Wenn genügend Leute eine andere Bevölkerungsgruppe diskreditieren, landet das Thema im Parteiprogramm. In Sachsen berichteten Kollegen sehr eindrücklich, wie diese Form des »Dialogs« als Ressentimentreproduktionsmaschine wirkt. Es müsse sich nur eine gewisse Anzahl Menschen finden, die Geflohene denunzieren, dann ist das einfach *die* Wahrheit. Flüchtlinge werden nicht als Problem empfunden, sondern *sind* dann das Problem. Herbeigelaberte Wirklichkeit nenne ich so etwas.

Die Mode »Bürgerdialog« wird als Lösung gegen die AfD präsentiert. Tatsächlich verhindert dieser Gesprächskreis weder rechtsextreme oder antipluralistische Allianzen, noch ist das Format neu.

Wenn man sich mit dem Thema »Bürgerbeteiligung« beschäftigt, trifft man auf eine Vielzahl von Personen wie den Politikwissenschaftler Jason Brennan, der führend auf dem Gebiet der politischen Bildung ist, und erfährt, dass es sich um einen Irrweg handelt, worauf er in seinen Vorträgen und Büchern immer wieder aufmerksam macht. Laut Brennan gibt es Wissenschaftler, die seit 30 Jahren Erfahrungen auf diesem Gebiet haben und nur negative Resultate mit dieser Methode erzielten.

Die Vorstellung, dass man Bürger, die politische Zusammenhänge nur noch extremistisch betrachten und sich zudem häufig aus populistischen Informationsquellen bedienen, durch Gespräche besänftigen oder gar umstimmen könne, funktioniert allenfalls auf einer individuellen, niemals auf einer kollektiven Ebene. Tatsächlich ist das genau die Erfahrung, die man als politisch interessierter Beobachter in Deutschland macht: dass nämlich Bürgerdialoge weder zu einer Entradikalisierung noch zu einer Senkung des Aggressionspotenzials beitragen. Einen Ausgleich zwischen den verfeindeten Fronten schaffen sie ebenfalls nicht.

Bürgerdialoge helfen allenfalls den Parteien, zu erfahren, wie das Wahlvolk denkt. Es ist ein Informationstransfer, der einseitig funktioniert. Der Bürger geht in so eine Veranstaltung, um seine Meinung zu äußern, und mit der gleichen Meinung geht er auch wieder nach Hause.

Die Bundes-CDU hat das Konzept in der Formulierung »Zuhör-Tour« zusammengefasst. Man will nicht belehren, nicht diskutieren, man habe ein offenes Ohr. In Sachsen veranstaltet der CDU-Ministerpräsident seit langer Zeit diese Form des Zuhörens. Derweil radikalisieren sich die Bürger weiter. Im Hintergrund werden Koalitionen mit der AfD zumindest schon einmal angedacht. Nach außen weist man das natürlich weit von sich, aber die Wahrheit ist, dass die sächsische CDU in der Flüchtlingsfrage genauso populistisch und denunziatorisch agiert wie die AfD. Im Prinzip handelt es sich um von der CDU durchgeführte Bürgerdialoge für AfD-Sympathisanten.

Obwohl es Zahlen darüber gibt, dass die Kriminalitätsrate sinkt, plädieren die Bürger, wenn sie die Wahl haben, für mehr

Polizei. Obwohl die Bürger wissen, dass nur ein Bruchteil der weltweit 70 Millionen Flüchtlinge Europa erreichen können, wollen sie noch mehr Grenzen. Obwohl ein streng regulierter Markt eine gerechtere Wirtschaftsordnung schafft, plädieren die Bürger für Freihandelszonen. Obwohl sie das alles wissen, entscheiden sie anders. Selbst wenn sie die Fakten kennen.

Offenbar ist es so, dass die Meinung der Bürger ihnen die Sicht auf die Fakten vernebelt und sie daran hindert, bessere Entscheidungen zu treffen, die zu ihrem eigenen Wohl wären.

Der Rechtsprofessor Dan Kahan aus Yale wies das in folgender Untersuchung nach. Kahan stellte seinen Kandidaten eine mathematische Aufgabe, indem er ihnen Daten einer fiktiven Hautcremestudie gab und fragte: »Wenn das eine reale Studie wäre, was würden die Daten über die Wirkung dieser Hautcreme aussagen?« Die meisten Befragten konnten das mathematische Problem lösen.

Anschließend gab er ihnen eine analoge Aufgabe mit denselben Daten und den gleichen Rechenformeln. Dieses Mal ging es um ein Waffengesetz in den USA. Es stellte sich heraus, dass es den Kandidaten, welche die Daten über die Hautcreme zuvor richtig ermittelt hatten, nicht gelang, das gleiche richtige Ergebnis beim Waffengesetz zu erreichen. Die Befragten beantworteten die Frage nach der Wirksamkeit eines Waffengesetzes nicht anhand der Zahlen, sondern anhand ihrer Überzeugung.

Es machte demnach einen Unterschied, wenn eine Wählerschaft politisches Wissen statt politischer Vorurteile hätte. Sind die Bürger besser informiert *und* weniger voreingenommen, wählen sie deutlich altruistischer.

Bildung ist übrigens kein großer Wert in unserer Gesellschaft. Kennt jemand die Ausgaben für Bildung aus dem Bundeshaushalt? Ich musste nachschauen, ich wusste es auch nicht auswendig. 4,2 Prozent des Bundeshaushaltes werden für Bildung ausgegeben. Das ist sehr wenig. Als vermeintliche Bildungsnation unterbieten wir damit den europäischen Durchschnittswert, der bei fünf Prozent liegt. Wir haben das meiste Geld und geben kaum etwas für Bildung aus. Statt mehr und besserer politischer Bildung werden Mettbrötchen und ein offenes Mikrofon im Bürgerdialog serviert. In wenigen Monaten ist Europawahl. Es wird ein Desaster.

*I*ch kann mich nicht erinnern, dass ein deutscher Film, der international eine aufregende Reise absolviert und allerorts berührt und begeistert, in der Heimat des Filmemachers, also hier in Deutschland, jemals mit solch einer Lust an Degradierung bedacht wurde, wie es mit Fatih Akins Film *Aus dem Nichts* geschieht. Sein Film behandelt den Konflikt zwischen einer Polizei, die Ressentiments gegenüber dem Opfer hegt, und einer Frau, die um den Verlust ihrer großen Liebe trauert. Der Bezugspunkt der Geschichte, »die Folie«, wie Kritiker gerne sagen, oder »die Klammer«, ist der NSU. Der NSU ist, nur zur Erinnerung, die größte bundesdeutsche Katastrophe für den Rechtsstaat, die man sich denken kann. 14 Jahre lang haben Rechtsradikale Bürger mit Migrationshintergrund mit Kopfschuss hingerichtet. Nicht polizeiliche Ermittlungen ließen die terroristische Mordserie auffliegen, sondern vermeintlich eine Selbstenttarnung. Vermeintlich deshalb, weil zahlreiche Untersuchungsausschüsse sich an der Frage abarbeiten, warum der Wohnwagen mit den beiden Uwes darin explodierte. Im Laufe der Jahre stellte sich heraus, dass angefangen vom einzelnen Polizisten über Minister und Präsidenten des Bundesverfassungsschutzes und Bundeskriminalamts alle emsig und übereifrig damit beschäftigt waren, zu verhindern, dass die Täter im Rechtsextremistenmilieu gesucht werden. Wenn das kein Filmstoff ist, dann weiß man auch nicht. Der Film wurde in Cannes prämiert, er hat bei den Golden Globes gesiegt, er könnte einen Oscar gewinnen. Grund genug, sich zu freuen oder wenigstens zu gratulieren.

Stattdessen kommentiert Hannah Pilarczyk für *Spiegel Online*: »Doch warum eine blonde Bio-Deutsche die Light-Version von dem durchleben lassen, was die türkisch- und griechischstämmigen Angehörigen der NSU-Opfer über Jahre hinweg ertragen mussten? Das erinnert zu sehr an die Hollywood-Strategie, sich über eine weiße Figur die Geschichten von *people of color* zu erschließen.«

Mit anderen Worten: Der NSU im Speziellen und der Rassismus im Allgemeinen ist eine Angelegenheit der *people of color*. Warum also spielen blonde Deutsche mit?

Ist es nicht aber so, dass der Rassismus in Deutschland, traditionell wie auch gegenwärtig, in erster Linie Deutsche betrifft? Die Opfer waren Deutsche. Halit Yozgat war Deutscher. Michèle Kiesewetter war Deutsche. Mehmet Kubaşık war Deutscher. Die Ermittler waren Deutsche. Die Innenminister sind

Deutsche. Beate ist Deutsche. Theorides Boulgarides, gebürtig aus Griechenland, war übrigens mit einer Deutschen verheiratet, deren Blick auf Deutschland sich nach der Tat erheblich änderte. Die von Diane Kruger gespielte Figur kommt ihr ziemlich nahe. Die Hauptdarsteller des Films sind Deutsche. Der Filmemacher ist deutsch. Deutscher als beim NSU und bei *Aus dem Nichts* geht es kaum. Selbstverständlich muss eine blonde Deutsche mitspielen. Abgesehen davon. Seit wann wird die Qualität eines fiktionalen Dramas an seiner politischen Wirklichkeit gemessen? Wurde bei Florian Henckel von Donnersmarcks Oscar-prämiertem *Das Leben der Anderen* eigentlich die Abhöranlage im Film mit den tatsächlichen Abhöranlagen der DDR verglichen und der Film deshalb als guter oder schlechter Film beurteilt? Muss ein Film nicht an seinen eigenen Methoden gemessen werden?

Anke Sterneborg schreibt für *Zeit Online*:
»Dass in *Aus dem Nichts* auch noch eine starke, kämpferische Frau im Zentrum steht, die gegen das Rechtssystem rebelliert, trifft in den Monaten nach der Weinstein-Affäre und der Me-Too-Debatte den Nerv der Zeit.«

Der Film selber ist also nicht gut. Er trifft lediglich einen Zeitgeist. Und zwar den der Sehnsucht nach der starken Frau. Möglicherweise trifft *Aus dem Nichts* nach Charlottesville, Alt-Right und Black Lives Matter nicht nur einen Nerv, sondern beschreibt ein Symptom? Und ist damit vielleicht ein Dokument unserer Zeit und weniger ein Modespleen, wie die Kritikerin meint.

»Vor allem von deutschen Kritikern wurde *Aus dem Nichts* nach der Premiere auf dem Filmfestival von Cannes vorwiegend kritisch besprochen.«

Tja, seltsam oder? Die gesamte Filmwelt ist begeistert. Nur die Deutschen nicht.

»Welcher deutsche Filmemacher würde es wagen, eine sieben Jahre währende Verbrechensserie und vier Jahre Prozess auf gut 100 Minuten Film zu verdichten?«

Der Baader Meinhof Komplex, Der Untergang, Der Totmacher, Stalingrad …, um nur ein paar Beispiele aus der deutschen Filmgeschichte zu nennen. »Verdichtung«, wie die Kritikerin sagt, ist eine gängige Methode im Film wie im Roman. Die Fachbegriffe dafür sind »Erzählzeit« und »erzählte Zeit«, sie stimmen nie überein. Wären wir auf einer Filmhochschule oder in einem Literaturinstitut, fände das Seminar dazu im Grundstudium statt.

»Wie viele seiner Filme handelt auch *Aus dem Nichts* vom Aufeinanderprallen verschiedener Kulturen, dem großen Lebensthema von Fatih Akin, für das er als Sohn türkischer Einwanderer in Deutschland besonders sensibilisiert ist.«

Puh! Der NSU handelt vom »Aufeinanderprallen verschiedener Kulturen«?

»Dem amerikanischen Kino der Leidenschaften ist er damit allemal näher als dem deutschen Wenn-und-aber-Weg. Nach dem Golden Globe für den besten ausländischen Film ist es nun sehr viel wahrscheinlicher geworden, dass er am Ende auch bei den Oscars triumphieren wird.«

Klingt wie eine Befürchtung. Riesensorge: Türke holt vielleicht Oscar nach Deutschland. Freude ist es jedenfalls nicht.

Hanns-Georg Rodek schreibt auf *Welt Online*:
»Auf diese Auszeichnung kann keiner stolz sein.«

Stolz ist nun wirklich kein deutscher Filmkritiker gewesen. Muss auch nicht. Kritik ist nicht dafür da, um zu jubeln. Man hält fest, bei Springer herrscht seit Fatih Akins Golden Globe offizielles Stolzverbot. Galt für keinen anderen Preisträger bislang.

»Was ist eine Auszeichnung eigentlich wert, die von ein paar Dutzend Amateuren vergeben wird?«

Die Jury besteht aus 100 Filmjournalisten. Für Rodek besteht sie aus:

»Da ist die Mexikanerin …
Da ist ein südafrikanisches Model …
Ein holländischer Fotograf.
Ein indischer Gandhi-Darsteller.«

Muss ganz schön hart sein, wenn eine Jury international besetzt ist.

»Wenn die HFPA-Mitglieder für etwas bekannt sind, dann für Besuche bei Dreharbeiten auf Kosten der Produktionsfirma und Selfies mit Stars, auf denen sie verdächtig wie Fans dreinblicken. Zweifellos gibt es seriöse HFPA-Mitglieder, vielleicht zwei oder drei Dutzend. Wie viele die Filme sehen, wie viele abstimmen, wie viele sich für die Stiefkindkategorie des Fremdsprachenfilms interessieren, darüber lässt sich nur spekulieren. Es könne durchaus sein, dass Akin 15 oder 20 Stimmen gereicht haben. So funktionieren »Krönungen«, Globes-style.«

Ich höre auf zu zitieren. Ich könnte das noch seitenlang so weiterführen. Seit Wochen lese ich diese Form der Kritiken. Und habe einen schrecklichen Verdacht. Womöglich ist es für die deutsche Filmkritik einfach ein Schock, dass ein Türke (für mich ist er ein Hamburger Regisseur, aber ich stehe mit dieser Betrachtung ziemlich allein da) mit einem Film über die größte nationale Schande seit Gründung der Bundesrepublik, nämlich den NSU, einen Oscar holen könnte. Ist einfach *too much*. Er bekommt seit Jahren die wichtigsten Auszeichnungen, ist international anerkannt. Das ging für die deutsche Filmkritik so lange in Ordnung, wie er Filme drehte, die dem »Ausländermilieu« zuzuordnen sind. Das jetzt aber verzeiht die deutsche Kritikerlandschaft einem deutschen Künstler mit türkischen Eltern nicht. Den NSU groß machen. Und dann auch noch mit einer deutschen Schauspielerin, die sonst nur für Amerikaner arbeitet. Hier hat offenbar auf mehreren

Ebenen ein Verrat stattgefunden. Die Berichterstattung über Fatih Akins Film sagt mehr über unser Land und sein Verhältnis zu seinen großen, kritischen Künstlern aus, als man wissen wollte.

Marlene Dietrich, Romy Schneider, Heinrich Böll und viele andere nicken gerade aus dem Himmel.

*E*s war Anfang der 1990er Jahre. Klassenweise ging das ganze Gymnasium ins Kino, wir schauten *Schindlers Liste*. Anschließend redeten wir im Unterricht darüber. Ich weiß nicht mehr, wie es kam, aber wir erzählten unseren Eltern zu Hause davon und eines Nachmittags ging also Familie Kiyak geschlossen ins Kino, wo ich den Film zum zweiten Mal sah.

Wir saßen in dem Film, meine Eltern waren geschockt. Zwar hatten wir die Handlung zu Hause Minute für Minute nacherzählt, aber trotzdem, die Eltern waren komplett am Ende. In der Schlussszene – der Regisseur Steven Spielberg hatte einige der Juden, die der Emaillefabrikant Oskar Schindler retten konnte, ausfindig gemacht – liefen diejenigen, die ihm ihr Leben verdankten, einen Hügel hinauf zu seinem Grab in Jerusalem und legten einen Stein ab.

Als wir draußen auf der Straße standen, weinten meine Eltern hemmungslos. Mein Vater umarmte uns Kinder. In dieser Umarmung steckte die für Eltern typische Dankbarkeit, weil ihre Kinder leben, im Gegensatz zum bitteren Schicksal anderer Eltern und Kinder. Sagenhafte Traurigkeit hatte sie erfasst. Sie redeten von nichts anderem mehr.

Wir Kinder waren peinlich berührt von unseren Angehörigen und hatten furchtbare Angst, dass wir von Gleichaltrigen als weinende Familie auf dem Bürgersteig erkannt werden.

Heute denke ich anders darüber. Meine Eltern haben getrauert, weil ihnen leidtat, was sie erfuhren. Sie weinten, weil die, die getötet wurden, Menschen waren. Und weil sie selber Menschen waren. Da gibt es keinerlei tieferen Erkenntnisgehalt. Sie weinten als Vater und Mutter, sie weinten als Tochter und Sohn, als Eheleute und Liebende, weil sie alles das genauso waren, wie die anderen es auch waren.

Anschließend gingen wir ins Eiscafé. Mein Vater stolperte sich durch eine seiner berühmten Bestellungen: »Ein Erpresso, ein Kapputschitscho und zwei Kugeln Straßenteller, bittaschön.« Giovanni, der Eisdielenbesitzer, verstand meinen Vater und brachte die Kaffees und das Stracciatella-Eis.

Diese Woche las ich in der *taz* ein Interview mit dem Publizisten und Juristen Michel Friedman, das der Kollege Ulrich Gutmair mit ihm geführt hatte. Darin fragt Friedman etwas, das auch mich interessiert. Es geht um die Anfänge:

»Bei der Pogromnacht in Berlin, Frankfurt oder München. In Städten und Dörfern brannten Religionshäuser, und niemand reagierte. Es war eine millionenhafte Verstrickung, als die Juden abgeholt wurden und durch die Finanzämter Zwangsvollstreckungen ihres Mobiliars stattfanden. Was bedeutet das denn, wenn mein Nachbar für wenig Geld meine Teppiche, mein Besteck, meine Möbel kauft? Glaubt dieser Nachbar, ich komme je wieder?«

Das ist genau der Punkt, der mich beispielsweise auch am Genozid an den Armeniern verstört. Was dachten die Nachbarn, die ihre Äcker vergrößern konnten, ihr Hab und Gut vermehren und ihr altes Werkzeug gegen besseres austauschen konnten? Wie kann man bereichert aus der Vertreibung seiner Nachbarn herausgehen und hinterher felsenfest behaupten, dass man nicht im Geringsten bemerkte, dass etwas nicht mit rechten Dingen vor sich ging? Wenn eine bestehende Ordnung so derart aus den Angeln gehoben wird.

Ich will mir darüber kein Urteil erlauben. Weil es doch jedes Mal so ist, dass bestimmte Bevölkerungsgruppen unter Zeugenschaft verschwinden. Also muss es da einen Mechanismus geben, der einen hindert zu protestieren. Nur welchen? Es ist schon Jahrzehnte her, ich schrieb darüber in meinem Buch *Herr Kiyak dachte, jetzt fängt der schöne Teil des Lebens an,* da fragte mein Vater unseren Vermieter: »Erhard, sag mal, hast du im Krieg Juden getötet? Der Vermieter sagte: Ich gebe dir mein Wort, dass ich keinen Juden getötet habe. Mein Vater sagte: Erhard, ich glaube dir, aber nie will es jemand gewesen sein.«

Diese Stelle aus meinem Buch fiel mir ein, als ich im Friedman-Interview folgendes las:

»Ich wurde über Jahrzehnte von Schuldirektoren angerufen, die sagten: ›Wir wollen mit den Kindern reden, aber wir brauchen Zeitzeugen, es gibt so wenige Überlebende.‹ Ich habe dann gesagt: ›Sie irren sich, es gibt Millionen Überlebende. Fragen Sie Ihren Vater oder Ihren Großvater.‹«

Als ich einmal mit Michel Friedman zusammen Zug fuhr und mein Vater uns am Bahnhof abholte, da begegneten sich die beiden zum ersten Mal. Sie umarmten sich sehr freundlich, Michel Friedman herzte den Vater, der etwas schüchtern war. Dabei kannten sie sich eigentlich, ohne sich zu kennen. Immerhin hatte Familie Kiyak schon um Familie Friedman getrauert.

Michel Friedmans Eltern wie auch seine Großmutter sind, das wissen vielleicht die wenigsten, sogenannte Schindler-Juden. Der Rest der Familie kam in Auschwitz um.

Ich will auf dieser Heulerei meiner Eltern nicht groß herumreiten, zumal in meiner Familie das Weinen als besondere Kulturleistung betrachtet wird, die man bei allerhand Gelegenheiten hegt und pflegt. Leider. Aber mir ist diese Woche beim Beobachten der offiziellen Gedenkfeiern zum Holocaust erstmals aufgefallen, dass ich noch nie in meinem Leben, weder im privaten noch im öffentlichen Rahmen, jemals einen deutschen Nichtjuden um einen Juden weinen sah.

Stattdessen sehe ich allerkorrektestes Gedenken. Vielleicht, so ein Gedanke, wenn man in diesem Land einmal geweint hätte, so richtig, von Herzen, vielleicht wäre es heute ein anderes Deutschland. Das gilt für jedes Volk, das eine solche Katastrophe selbst verschuldet und ohne jede Not mitbetrieben hat. Nach 1945 und dem nationalsozialistischen Völkermord gab es allerhand Auswirkungen: die Nürnberger Prozesse, die Schlussstrich-Debatten, die RAF und die 68er, den Streit um das Holocaust-Mahnmal. Aber das allereinfachste, die simpelste aller menschlichen Reaktionen, das Weinen, Trauern und Vermissen der Toten, das gab es nicht. Ich jedenfalls habe es noch nicht gesehen.

»Ich bin auf einem Friedhof geboren«, sagte Michel Friedman in dem Interview. Was für ein niederschmetternder Befund. Dieses Bild, des auf dem Friedhof geborenen Menschen brennt in mir, und je älter ich werde, desto mehr verstehe ich, dass ich akzeptieren muss, dass es Mitbürger gibt, in denen so ein Satz nicht einmal lodert.

*I*m Sommer 2016 gab der ostdeutsche Maler Neo Rauch dem *Spiegel* ein Interview, in dem er sagte, dass er die politische Positionierung zu zeitgenössischen Geschehnissen mit den Mitteln der Kunst völlig ablehne. Zwei Absätze später konnte er sich die Bemerkung dann doch nicht verkneifen, dass die Rationalen in einer Welt des »totalen Irrsinns überall« eine Minderheit bilden würden. Wer die Rationalen sind und was er mit einer Welt des Irrsinns meint, erläuterte er so: »Wider besseres Wissen verneigen sich große Teile, vor allem der Linken, vor einer frauenverachtenden, todesverliebten Wüstenreligion.« Mit der todesverliebten Religion meint er den Islam.

Zur Erinnerung: Im Sommer 2016 marschierte in Neo Rauchs Heimatregion bereits im dritten Jahr die ostdeutsche Mittelschicht Hand in Hand mit Rechtsradikalen unter dem Stichwort Pegida und Legida. Teile dieser Bewegung, die gegen die »Islamisierung des Abendlandes« kämpfen, sitzen heute in Landtagen und im Bundestag und sind europaweit vernetzt, um die Europäische Union und ihre Idee von einer Wertegemeinschaft, die sich zu den Menschenrechten bekennt, zu zerstören. Nach dem Rauch-Interview wusste ich, wir haben den Osten künstlerisch verloren. Das war noch lange vor Uwe Tellkamps Unterschrift auf der »Gemeinsamen Erklärung 2018«, in welcher der Autor von *Der Turm* gemeinsam mit anderen Künstlern, Publizisten und Aktivisten sowie Alexander Gauland und dem Chefredakteur der *Jungen Freiheit* Dieter Stein Ausländer, Flüchtlinge und Muslime zu Hassobjekten dämonisiert. Diesem mit dem Deutschen Buchpreis hoch dekorierten, berühmten ostdeutschen Schriftsteller Uwe Tellkamp, der in einer sagenhaften Weise rechtsextrem ideologisiertes Zeug von sich gibt, attestierte der weltberühmte ostdeutsche Maler Neo Rauch, dass er, also Tellkamp, »ein Wiedergänger Stauffenbergs« sei. Rauchs Ehefrau, die Malerin Rosa Loy, sekundierte, so zitiert es Harald Welzer in einem Text für die *Zeit,* dass es sich bei den Flüchtlingen in Deutschland um 95 Prozent Wirtschaftsflüchtlinge handele (als sei das kein legitimer Fluchtgrund, aber egal!) und dass das wissenschaftlich bislang unbestritten sei. Nun weiß man natürlich nicht, ob die Bilder, die unsere Künstler im Osten abends in den Nachrichten sehen, also das brennende Homs in Syrien, die vergewaltigten Jesidinnen im Irak, die Afghanen und so weiter, also das, was wir gemeinhin »politische Kenntnis« nennen, als wissenschaftliche Belege geltend gemacht werden können, aber darum geht es nicht. Es geht darum, dass diese Künstler vor ihrer Haustür die Zersetzung der Demokratie nicht nur achselzuckend zur Kenntnis nehmen, sondern die Erklärungen der rechtsextremen Ideologen, die den öffentlichen Diskurs mit ihren obszön lügenden und primitiv vulgären Propaganda-Wording-Schnipseln infiltrieren, weitertragen.

So ungefähr ist der gesellschaftspolitisch aromatisierte künstlerische Boden, den die Berliner Aktionskünstler »Zentrum für Politische Schönheit« im Februar 2017 im thüringischen Bornhagen betreten. Es ist ihre erste Aktion in Ostdeutschland. Bis dahin beschäftigten sie sich in ihrer Kunst meistens mit den Völkerrechtsverbrechen in Europa, im Mittelmeer und an den Außengrenzen der EU. Doch die Jahre 2015, 2016, 2017 sind Wendepunkte in der deutschen Geschichte. Erstmals sieht man wieder den offenen Hitlergruß auf ostdeutschen Straßen. Erstmals wird die Kanzlerin öffentlich in Dresden als »Fotze« beschimpft. Erstmals schaffen es die rechtsextremen Splittergruppen mit ihrem infernalischen Schlägertum, große Teile der ostdeutschen Bevölkerung für sich zu gewinnen. Bundesweit macht sich eine faschistische Partei nun auch parlamentarisch in der Demokratie breit. Der Neonazi Björn Höcke hatte bis dahin jahrelang zahlreiche Auftritte im Fernsehen und es kam lange niemandem in den Sinn, dem Einhalt zu gebieten. Wieso auch? Seit Thilo Sarrazins rassistischen Vergleichen von Muslimen und Deutschen mit Hilfe des sehr eingängigen Bildes der einfachen Ackergäule und der edlen Lipizzaner ist in Deutschland nun alles möglich. Der Nationalsozialismus wird zum »Fliegenschiss« erklärt und das Holocaust-Mahnmal zum »Mahnmal der Schande«.

In diese Stimmung hinein mietet sich das ZPS in unmittelbarer Nachbarschaft zum Deutschen Wurstmuseum an der Deutschen Wurststraße in eine kleine Wohnung gegenüber der Familie Höcke ein und rammt dem ehemaligen Geschichtslehrer über Nacht ein prächtiges, schönes Holocaust-Mahnmal in den Garten. Dazu klopfen sie die Stelen tief in die Muttererde des deutschen Vaterlands und stellen die Forderung, dass Höcke als Akt der Demut vor den Opfern des Holocaust einen Willy Brandt'schen Kniefall vor diesem Stelenfeld machen sole. Andernfalls würde das ZPS Spendengeld sammeln und von dieser Summe die Stelen bis in alle Ewigkeit stehen lassen. Mittlerweile ist tatsächlich so viel Geld zusammengekommen, dass die Replik des Holocaust-Mahnmals 1000 Jahre stehen könnte. Stehen wird, hoffentlich!

Was dann passiert, ist bekannt. Das ZPS macht, was politische Aktionskünstler immer machen. Nämlich Aktionskunst, deren Prinzip darin besteht, der Gesellschaft ihre innere Struktur, gewissermaßen ihre politische Befindlichkeit zutage zu spiegeln, indem es einfach ihre Mittel kopiert. Die Folgekunst des Zentrums mit dem Werknamen »Soko Chemnitz« ist ein gutes Beispiel dafür. Faschisten sehnen sich nach einem starken Führer, der alle feindlichen Elemente aus der Gesellschaft entfernt. So etwas klappt natürlich nur mit der Kollaboration der Bevölkerung. So war es in der DDR. Die Stasi hatte ein wirkungsvolles System aufgebaut, dessen wichtigste Säule die Mitarbeit des Bürgers war, also die Denunziation. Die Motive für die Denunziation in totalitären Systemen sind vielfältig. Angst ist eine Erklärung von vielen. Außerdem wird irgendwann aus dem Ausnahmezustand ein Normalzustand. Die Angst wird internalisiert, die Gründe für das Bespitzeln erscheinen nachvollziehbar. Wenn man nur lange genug behauptet, dass bestimmte Menschen Feinde sind, dann glaubt man es irgendwann auch. Andernfalls würde man verrückt werden. Nicht alle Menschen können dieser Gehirnwäsche psychologisch und intellektuell standhalten. So werden aus Menschen nach und nach Mittäter aus Überzeugung. Das ZPS kopiert also die Methode – Falsches tun, um Falsches zu erreichen – und ruft im

Internet dazu auf, Rechtsradikale zu melden. Sie dreht das Mittel sprichwörtlich auf links. Nun muss man Richtiges tun, um Richtiges zu erreichen, Demokratiefeinde melden, um die Demokratie zu schützen. Aufgerufen wird aber in der Sprache der Autokraten (»Gesinnungskranke Vaterlandsverräter melden«), und also liest es sich wie eine Einladung zur Denunziation. In einem funktionierenden Staat würden die Sicherheitsbehörden gewaltbereite Rechtsradikale mit Phantasien über den Systemumsturz von sich aus ahnden. Das Denunziantentum (das sich im Laufe der Aktion als Selbstbezichtigungsportal herausstellt, weil sich die Systemgegner vor Aufregung und Nervosität selber in die Datenbank eingeben, um herauszufinden, ob sie schon jemand meldete) entsetzte die Rechtsextremen sowie Teile der Bevölkerung und Presse zutiefst. Dabei ist es doch in Wirklichkeit das, was die Faschisten und Nationalisten anstreben, wenn sie Deutschland übernommen haben werden. Genau das! Wird die Methode gegen sie selbst angewendet, wittern sie darin einen Angriff. Dass sie selber Listen von Journalisten, Künstlern und Aktivisten anfertigten (es gab im Laufe der Jahre viele solcher auch öffentlich bekannt gewordener Listen), geht in der medialen Empörung völlig unter. Allgemeiner Tenor als Reaktion auf die Kunstaktion: faschistische Methode, falsch, schlimm, ekelhaft. Dabei spiegelte und deckte die Kunst nur auf, was uns droht, wenn wir uns nicht endlich wehren.

Wir befinden uns mittlerweile auf der Zeitleiste in der Phase des »Chemnitzer Trauermarsches«, der vorgab, eine pietätvolle Beileidsbekundung gegen einen mutmaßlich von Flüchtlingen erstochenen Deutschen zu sein. In Wirklichkeit war es eine Ansammlung von übelsten Radikalen, mit dem vorläufig verstörenden Höhepunkt, dass tatsächlich noch ein Kniefall folgte, nämlich ausgeführt von der SPD-Familienministerin Franziska Giffey, die den Naziaufmarsch mit einem Strauß langstieliger Lilien veredelte. Mit schmerzvollem Gesicht beugte sie sich über den Chemnitzer Asphalt und gab der Veranstaltung damit eine Art demokratisches TÜV-Siegel. Sie hätte auch auf die Beerdigung des Opfers gehen können, aber sie tat das, was die Rechtsradikalen tagelang forderten. Jemand von der Bundesregierung möge endlich kommen und ihren »Schmerz« über den toten Deutschen teilen, der in diesen Kreisen als Beleg missbraucht wurde für ihre Behauptung von der Ausrottung des deutschen Volkes durch – wir erinnern uns – »Anhänger einer todesverliebten Wüstenreligion«.

Eine Welle der Verachtung folgte. Weniger über die als »Trauermarsch« getarnte Neonazi-Demonstration, sondern wegen des »geschmacklosen« Verhaltens des ZPS, das übrigens nach eigenen Angaben mit der Kunstaktion »Soko Chemnitz« nahezu 1500 Rechtsradikale enttarnte, die an dieser Kundgebung teilnahmen und nicht auf dem Boden der Verfassung stünden. Sie ermittelten die Leute durch Internetrecherchen, weil die Neonazis sich, ihre Taten und ihre Waffen auf verschiedenen Portalen selber zur Schau stellten. Es war letztendlich eine gigantische Fleißarbeit, die man, naiv, wie man ist, bei der Justiz und Polizei voraussetzt, die dort aber offenkundig nicht stattfindet. Nun mussten allerdings nicht die Rechtsradikalen mit juristischen Konsequenzen rechnen, sondern es wurde ein Ermittlungsverfahren gegen die Künstler eingeleitet. Der Vorwurf: »Bildung einer kriminellen Vereinigung«. Ein Vorgang, den man so bislang nur aus Autokratien kennt. Das ist der

Punkt, an dem das Kunstwerk »Soko Chemnitz« endlich vollendet wurde.

Bislang gab es, so sagt es Philipp Ruch, promovierter Philosoph und prominentester Kopf der Kunsttruppe, 100 Anzeigen und 30 Strafanzeigen gegen das »Zentrum für Politische Schönheit«. Aber keine einzige Verurteilung, weil, wie das Oberlandesgericht Köln der Öffentlichkeit unmissverständlich bestätigte und was jeder, der das ABC der politischen Kunst beherrscht, von vorneherein weiß: Die Gestaltung der Aktion kann nicht von der künstlerischen Idee getrennt werden. Die Aktionen des ZPS sind Kunst. Ihre Mittel sind legitim und legal. Das »Zentrum für Politische Schönheit« führt uns das Nichthandeln und Nichtintervenieren der Sicherheitsbehörden vor. Das Dulden der terroristischen Strukturen. Sie zeigen uns, wie das funktioniert, die leise Implementierung der Diktatur, die nie auf einen Schlag folgt, nie mit einem einzigen, großen Knall, sondern genau so, unaufhörlich tropfend, die Demokratie langsam aufweichend.

Das allerinteressanteste an der politischen Kunst ist natürlich, dass die rezipierende Öffentlichkeit immer Teilnehmerin der Aktion ist. Das ist der Unterschied zur Malerei. Die bildende Kunst zeigt. Die politische Kunst führt auf. Es ist eine Art Theaterstück, dessen Rollen mit den unterschiedlichen Formen der Öffentlichkeit besetzt wurde: Pressevertreter, Kunstkritiker, Geschmacksapostel, Moralprediger … Vergangene Woche wurde als krönender Schlussakt der Aktion bekannt, dass ein Staatsanwalt in Thüringen 16 Monate lang gegen die Künstler ermitteln ließ. Mit den gleichen Methoden, mit denen man auch Al-Nusra und Co. beobachtet. Die Kunst stieg damit endgültig in den Rang auf, in den sie gehört: relevant und gefährlich. Vielleicht haben Beamte als Stelen verkleidet Horchaktionen durchgeführt? Der ermittelnde Staatsanwalt aus Gera heißt Martin Zschächner, sein Weltbild ist, na ja, sagen wir, originell. Er verhandelte in einem Fall, in dem ein Beschuldigter »Afros« als nicht »wie wir« betrachtete, sondern als »Urmenschen«, die »in eine Zivilisation hineingezwungen« worden seien. Zschächner stellte das Verfahren ein, weil er darin lediglich eine »wertende Äußerung zur menschlichen Kultur- und Zivilisationsgeschichte« sah, die von der Meinungsfreiheit gedeckt sei. Und in der Drohung, politischen Gegnern eine »U-Bahn nach Auschwitz« zu bauen, vermochte er lediglich eine »Ortsbezeichnung« erkennen. Zudem, und das ist jetzt überhaupt das Allerbeste an der ganzen Geschichte, spendete er an die AfD! Der feine Herr Zschächner, mondän und exquisit gekleidet, die gehobene Ausstattung bevorzugend, machte für die AfD 30 mühsam zusammenkratzte Mücken locker. Wenn man hier demnächst ein Naziregime errichtet, wird die Hakenkreuzbinde wohl aus Polyester sein statt aus Wildseide. Manometer, dass es politisch erbärmlich wird, hat man sich ohnehin gedacht, aber dass es auch ästhetisch zu wünschen übriglässt, enttäuscht aufs Bitterste. 30 Euro für die Neu-Errichtung der NS-Diktatur – darüber lache ich seit Tagen.

*V*ergangenes Jahr versuchte ich eine Person zu finden, die gegen Bezahlung einer größeren Summe bereit gewesen wäre, sämtliche Bücher Abdullah Öcalans in deutscher Übersetzung beim Neusser Verlagshaus Mezopotamien für mich zu bestellen. Natürlich sollte diese Person in keiner Beziehung zu mir stehen. Ich hielt Ausschau nach jemandem, der einen Kauf über einen Strohmann einfädeln würde.

Ich fragte in meinem Freundeskreis herum, doch acht Monate lang gelang es mir nicht, jemanden zu finden. Niemand wollte das Risiko eingehen, ein paar kurdische Bücher zu kaufen. Wahrscheinlich wäre es einfacher gewesen, eine Waffe zu besorgen. Einige türkische Freunde fanden mein Vorgehen lächerlich. Ich auch. Einerseits. Andererseits argumentierte ich so: »Was in der Türkei im Zuge der Kurdenpolitik verboten ist, wird nach und nach auch in Deutschland verboten werden.« Ich war mir sicher, dass die Warenkörbe des Mezopotamien-Online-Shops eines Tages den Käufern zum Verhängnis werden könnten. Intuition. Erfahrung. Geschichtswissen.

Nun ist es so weit. Der Mezopotamien Verlag wurde, gemeinsam mit dem Musikverlag MiR Multimedia, am 8. März 2018 im Auftrag des damaligen Innenministers Thomas de Maizière mehrere Tage am Stück durchkämmt. Anders kann man es nicht sagen. Ganze Lastwagenladungen mit kurdischsprachigen Büchern und Musik wurden beschlagnahmt. Der ungeprüfte und unbewiesene Vorwurf lautete, die beiden »Vereine« unterstützten mit ihren Produkten den organisatorischen Zusammenhalt der in Deutschland verbotenen PKK. Dies wäre eine Straftat gemäß § 20 Abs. 1 Nr. 3 VereinsG, also des Vereinsrechts. Thomas de Maizière ergänzte: »Wir lassen es nicht zu, dass Verbote umgangen werden oder gegen Verbote verstoßen wird und damit terroristische Organisationen unterstützt werden.«

Mezopotamien ist aber ein Verlag und kein Verein oder eine Organisation. Ein Verlag verlegt Bücher. Wieso nimmt der deutsche Staat Bücher mit, bevor auf rechtsstaatlichem Weg geprüft wird, ob der Vorwurf stimmt? Wieso läuft es nicht andersherum, erst lesen, dann zensieren? Liest die Staatsanwaltschaft alle konfiszierten Bücher? Gibt es kurdischsprachige Experten in unserem Rechtsstaat, die glauben, in einem Grammatikbuch für Kurmancî versteckte Hinweise auf Terrorunterstützung entziffern zu können?

Was genau ist gefährlich an Büchern über kurdische Literatur, Sprache, Sprachwissenschaft, Musik und Musiktheorie? Denn das war, neben den Schriften Abdullah Öcalans, das publizistische Kerngebiet beider Verlagshäuser.

Zweifelsfrei stand der Mezopotamien Verlag der PKK nahe. Immerhin besaß sie neben Literatur aus der Befreiungsbewegung (Tagebücher von Guerillakämpfern etwa) auch die Manuskripte von Abdullah Öcalan, der seine Bücher im türkischen Gefängnis schrieb. Irgendwie müssen die Dokumente ja ihren Weg von der türkischen Gefängnisinsel İmralı nach Neuss gefunden haben. Dort jedenfalls wurden die Bücher übersetzt und legal mit einer ISBN-Nummer versehen und vertrieben. In Öcalans Texten ist übrigens nie von etwas anderem die Rede, als dass man die Waffen niederlegen müsse, weil der Weg der PKK sich als falsch erwiesen habe. Öcalans Schriften waren immerhin die Basis für die Friedensverhandlungen zwischen der türkischen Regierung und den kurdischen Kämpfern. Das alles machte auch den Weg für die HDP frei. Die Vision einer demokratisch organisierten kurdischen Selbstverwaltung in der Türkei beruht auf der politischen Theorie von Abdullah Öcalan. Er beschreibt einen demokratischen Weg und keinen mit Bomben und Terror. Adressiert an beide Seiten!

Wenn es aber um Öcalan ging, warum nahm unser deutscher Staat dann nicht ausschließlich seine Titel mit, sondern auch die Grammatiklehrbücher oder Noam Chomsky auf Kurmancî?

Möglicherweise erklärt sich der Hergang so: Einen Monat bevor Mezopotamien auseinandergenommen wurde, traf Herr de Maizière den türkischen Ministerpräsidenten Binali Yıldırım auf der Münchner Sicherheitskonferenz. Kurz darauf wurden die Werke des Buchverlags und des Musikverlags komplett beschlagnahmt. Eine kritische Lesart dieser Aktion wäre, diesen Vorgang publizistischer Säuberung gewissermaßen als Freundschaftsdienst zwischen der deutschen und der türkischen Regierung zu begreifen. Was wohl als nächstes folgt? Lässt der NATO-Partner Deutschland seine Truppen bei den kurdisch-deutschen Vereinen in Köln, Duisburg oder Berlin einmarschieren? Das Zeigen von YPG-Symbolen wurde im besagten Zeitraum ebenfalls verboten.

Im Tausch wogegen setzt die deutsche Regierung türkische Interessen und Politik auf deutschem Boden eigentlich um?

Zeitgleich mit der Zerstörung des Mezopotamien Verlags in Neuss wurden in Diyarbakır Verlage durchkämmt, Schriften beschlagnahmt und Schriftsteller- und Verlegerkollegen drangsaliert, wenn sie nicht ohnehin schon verhaftet und gefoltert waren.

Ist das nicht sagenhaft skandalös, dass in Deutschland Bücher von Kurden über Kurden vernichtet werden? Oder ist so was immer nur dann schlimm, wenn es im Ausland geschieht?

Während man in London, Moskau, Paris und Wien, also hier und da einen (einen!) Lehrstuhl für Kurdologie einrichtete, gibt es in Deutschland keinen Lehrstuhl. Oder nicht mehr. Ein paar Jahre lang war es in Göttingen und Berlin möglich, Kurdologie zu studieren. Meistens handelte es sich um eine Nebendisziplin der Iranistik. Es ist hingegen kein Problem, Turkologie zu studieren. Wer sich aber umfassend über die Kurden bilden möchte, ist auf Publikationen angewiesen oder auf Schriften, die auf komplizierte Weise zu besorgen sind. Zum Beispiel im Mezopotamien Verlag, der über kurdische Geschichte und Sprache in zwölf verschiedenen Sprachen publizierte. Wer wollte, konnte zudem Weltliteratur auf Kurmancî lesen. Viele kurdische Leser wollten das.

Dank dem deutschen Innenministerium ist nun eines der wichtigsten europäischen Archive mit bedeutenden Schriften und Musik beschlagnahmt worden.

Nun ist es für mich nicht mehr möglich, kurdische Grammatik zu studieren oder kurdische Autoren auf Türkisch oder Kurdisch zu lesen. Ich kann nichts über die Region Rojava lesen. Es gibt faktisch nun auch in Deutschland keine Belege mehr über kurdische Schriften. So ist gelungen, was man in der Türkei schon seit 70 Jahren erfolgreich praktiziert. Vergessen machen, dass es kurdische Sprachen, Gesellschaft, Historie gibt, eine kurdische Kultur, eine kurdische Literatur- und Theatergeschichte. Wie ein Drogenjunkie muss ich mir die Texte in dunklen Seitengassen besorgen.

Ich will mir ein umfassendes Bild über die Kurden machen, verstehen, was die PKK ist, woher sie kam, dazu muss ich kurdische Soziologen und Politologen studieren, anders geht es nicht. Ich jedenfalls kenne keinen anderen Weg. Das deutsche Innenministerium erlaubt mir, Adolf Hitlers *Mein Kampf* zu lesen. Öcalans Theorien zur demokratischen Konföderation nicht. Auf welcher Grundlage soll ich über den Kurdenkonflikt oder die PKK mitdiskutieren? Wenn das Verlegen dieser Bücher gleichbedeutend mit der Mitgliedschaft oder Unterstützung einer Terrororganisation ist, wird sicher bald auch das Lesen von kurdischer Literatur verboten sein. Ich bin aber kein Terrorist. Ich will bloß lesen und verstehen. Verstehen, warum so viele Kurden die PKK unterstützen, obwohl sie gleichzeitig für Menschenrechte und Demokratie kämpfen. Das ist ein Widerspruch! Sympathien für den Führer einer Terrororganisation zu haben und gleichzeitig die parlamentarische Demokratie verteidigen, das wirft doch Fragen auf. Die PKK ist eine Organisation, die mit Waffen kämpft. Aber sie ist weltweit auch die einzige Terrororganisation, die mit Waffen für das Recht auf Muttersprache kämpft. Man muss doch verstehen wollen, warum Afrin ein Musterbeispiel an Demokratie und Selbstbestimmung war, obwohl in Syrien ein Krieg tobt. Man muss doch begreifen wollen, warum in Nordsyrien (vor dem Einmarsch der türkischen Truppen) der Traum von Multikulturalität gelebt wurde, während im Rest von Syrien ein innerethnischer und innerreligiöser Bürgerkrieg herrschte. Worum geht es den Kurden? Und ist das, was sie wollen und brauchen, legitim? Wer soll darüber Auskunft geben? Die türkische Regierung? Ich möchte Antworten lieber aus erster Hand von Schriftstellern, Philosophen, Historikern, Sozialwissenschaftlern und selbstverständlich auch von Führern einer verbotenen Terrororganisation. Intellektuelle verfahren so. Nur

Dummköpfe informieren sich in deutschen Talkshows oder türkischen Regierungserklärungen über politische Zusammenhänge.

Vor einigen Wochen diskutierten sie bei Maybrit Illner, ob die türkische Politik Auswirkungen auf Kurden und Türken in Deutschland habe. Ich kenne nur eine Auswirkung der türkischen Politik auf die deutsche Sicherheit. Das äußert sich so, dass ich mit meinem berechtigten Interesse an kurdischen Schriften in Deutschland im Auftrag der türkischen Regierung kriminalisiert werde. Ich fühle mich vom deutschen Innenministerium stärker bedroht als von einem türkisch-nationalistischen Gebrauchtwagenhändler aus Kreuzberg. Darüber haben sie bei Illner natürlich wieder nicht gesprochen. Will in dieser Welt eigentlich irgendjemand überhaupt noch irgendetwas verstehen? Oder besteht der ganze Diskurs ausschließlich aus Herummeinerei?

Halten Sie bitte Augen und Ohren auf. Ich plane, öffentlich aus Abdullah Öcalans Schriften zu lesen und eine Veranstaltung zum Thema kurdische Literatur und Lyrik sowie kurdische politische Literatur durchzuführen.

Bleibt nur die Frage: Wer wird mich als Erstes von der Bühne tragen? Der türkische Geheimdienst oder die deutsche Polizei?

*E*s gibt etwas, worüber ich oft nachdenke und das mir partout nicht in den Kopf will. Es betrifft jene deutschen Juden, die nach dem Zweiten Weltkrieg, nach Erniedrigung, Enteignung, Entbürgerlichung, Deportation, Tötungslagern, Verlust und

Schmerz, entschieden, wieder in Deutschland zu leben. Wie war es ihnen nach ihren Erfahrungen möglich, auf die nächste Meldebehörde zu gehen, sich Papiere zu besorgen, sich anzumelden, Kinder zu zeugen, einzuschulen und sich alles in allem in das ganz normale deutsche Leben einzufädeln, ohne durchzudrehen? Ich meine kein inneres Durchdrehen, sondern ein lautes, sichtbares Durchdrehen in Form von Angriffen auf ehemalige Nachbarn, die zuschauten, wie man deportiert wurde, bis hin zu Anschlägen auf Politiker? Wäre das nicht die einzig »normale« Reaktion auf dieses millionenfach ausgeübte Unrecht und Morden, auf die Barbarei, die man ihnen antat?

90 Prozent der europäischen Juden wurden vernichtet. Es gab nur noch ein paar Tausend Überlebende in Deutschland, hinzu kamen einige Zehntausend *displaced persons* aus dem übrigen Europa. Die wenigen Überlebenden trafen nach wie vor auf ein judenfeindliches Klima. Auschwitz hatte nichts daran geändert. Der Antisemitismus blieb. Polnische Juden beispielsweise hatten es noch nach 1946 in Polen mit antijüdischen Pogromen zu tun. Die heutige polnische Regierung würde das gerne aus dem kollektiven Gedächtnis tilgen.

Deutschland, für das sich nicht wenige Juden als künftigen Wohnort entschieden, war kein geläutertes Deutschland. Es war immer noch Nazideutschland. Oder sagen wir so: ein Deutschland mit übrig gebliebenen Nazis. Jedenfalls trauerte jahrzehntelang niemand um die europäischen Juden, vielmehr beklagte jeder die eigenen Verluste. Es war kein trauerndes Deutschland. Kein weinendes Deutschland. Zwischen 1945 und 1946 wurden elf Umfragen durchgeführt, wonach 47 Prozent aller Deutschen die Meinung vertraten, der Nationalsozialismus sei eine gute Idee gewesen, die lediglich schlecht umgesetzt worden war. 1947 stieg die Zahl derer, die diese Ansicht vertraten, auf 55 Prozent. Bezogen auf die Nürnberger Prozesse befanden anfangs 70 Prozent der Befragten die Angeklagten für schuldig. Zwei Jahre später sank die Zahl auf 55 Prozent. Im nächsten Jahrzehnt, 1951–1952, sahen immer noch 41 Prozent der Deutschen im Nationalsozialismus mehr »Gutes« als »Böses«.

Ein Trauerdeutschland hätte nichts unversucht gelassen, den Antisemiten das Leben in jeder erdenklichen Form zur Hölle zu machen. Und zwar in jedem Jahrzehnt. Ein trauriges, beschämtes Deutschland hätte schon längst ein Verbotsverfahren gegen die AfD eingeleitet. Denn die Neufaschisten sind in ihrer Mentalität wie die Nationalsozialisten, bevor sie den Holocaust einleiteten.

Ich erinnere mich an viele Dokumentationen, wo Juden, egal welcher Staatsangehörigkeit, diese sehr wichtige Frage nach eventuellem Hass auf die Deutschen gestellt wurde. Manche antworteten, dass sie Deutschland als ihre Heimat betrachteten und die Shoah daran nichts geändert habe. Manche zogen nach Israel – das spricht sowieso Bände. Ich kann mich an alle möglichen Antworten erinnern. Zum Beispiel an das Mammut-Projekt der Dokumentarfilmerin Loretta Walz, die überall in der Welt »Die Frauen von Ravensbrück« aufspürte und sie zu ihren Erlebnissen, aber auch zu ihrem Verhältnis zu den Deutschen befragte. Vor 20 Jahren drehte ich (als ich noch für das Fernsehen arbeitete) selber einen kurzen Beitrag über Loretta Walz und schrieb einige Artikel über ihr Lebenswerk. Nie, wirklich nie antwortete ein Jude: Ich hasse die Deutschen! Woran ich mich aber spontan sofort erinnere, sind jede Menge Deutsche, die die Juden weiterhin hassen und zu töten versuchen. Zuletzt der deutsche Attentäter in Halle an der Saale, der auf eine Synagoge schoss, in der Hoffnung, möglichst viele Gläubige zu treffen. Womit der deutsche Wahnsinn ganz gut illustriert ist. Es gibt keineswegs jede Menge Attentate, verübt von Juden auf Deutsche, aber es gibt eine nicht enden wollende Kette von Anschlägen und Attentaten auf Juden. Und nein, es sind keineswegs nur Ostdeutsche, Arme, Dumme und Deppen. Können sich noch alle an die »Schwarzen Hefte« des Philosophen Martin Heidegger erinnern? Es ist und bleibt ein kaltes, düsteres Land. Ein Land des Hasses. Ein Land, das nicht lieben kann und will. Ein Technokratendeutschland, in dem Menschen wie Thilo Sarrazin und Hans-Georg Maaßen und wie sie alle heißen, nicht die Ausnahme darstellen, sondern den Querschnitt der Bevölkerung.

Vor einigen Wochen las ich im Magazin *Der Spiegel* einen Text des Israel-Korrespondenten Alexander Osang. Er handelte von einer Gruppe Juden, die den Holocaust überlebten und endlich, endlich durchdrehten. Beziehungsweise vorhatten durchzudrehen, und zwar im ganz großen Stil. Dina Porat, die Chefhistorikerin der Gedenkstätte Yad Vashem, hat jüngst ein Buch in Israel veröffentlicht, das von der 40-köpfigen jüdischen Widerstandgruppe »Nakam« handelt. Nakam ist ein geheimes Netzwerk, das nach dem Krieg den Plan verfolgte, sechs Millionen Deutsche zu töten. Sie hatten eine sehr raffinierte Idee, waren unglaublich umtriebig und fest entschlossen, zurückzutöten. Als Vergeltung. Der Plan misslang.

Nakam ist Hebräisch und bedeutet Rache. In Deutschland ist die Gruppe den meisten völlig unbekannt. Wir aus der

Theaterszene erfuhren vor zehn Jahren das erste Mal davon. Das war noch im Theater Ballhaus in der Naunynstraße. Dort sang unser Freund, der Musiker Daniel Kahn, mit seiner Band The Painted Bird von seiner ersten Platte *Partisans & Parasites* das Lied »Six Million Germans/Nakam«.

Es gibt kaum Überlebende von Nakam. Abba Kovner, ein polnischer Jude, ist einer von ihnen. Sein Rachemotiv ist, wie ich finde, einleuchtend. Er fand, dass die verübten Verbrechen nicht mit dem Recht einer zivilisierten Gesellschaft vergolten werden konnten. »Es würde weitergehen, wie es immer weitergegangen war. Ein paar Strafen, dann Tagesordnung«, so sagte er es dem *Spiegel*-Reporter Osang.

Dina Porat, die Chefhistorikerin und Autorin, die über Nakam forschte und schrieb, findet ebenfalls, dass zu wenig deutsche Verbrecher vor Gericht gestanden haben. Auch sie fragt sich, was eine angemessene Reaktion auf ein Weltverbrechen wie den Holocaust gewesen wäre und wie man die Welt danach hätte neu ordnen können. Ich finde die Frage sehr wichtig. Denn welche tatsächlichen Konsequenzen hatte das millionenfach verübte Unrecht im Alltag der deutschen Nichtjuden? Die Juden hatten alles verloren, die Deutschen aber erlebten Aufschwung und alles in allem ein lustiges Bumsfallera-Leben. Allein die vielen schamlosen Heimatfilme und der ganze Unterhaltungsklamauk, Peinlichkeitsrepublik sondergleichen. Erst Menschen töten, dann ohne Anschlussschwierigkeiten durchfeiern. »Und Erwin fasst der Heidi von hinten an die Schulter« und »Zickezacke, Zickezacke, Sieg Heil«, das war 1973. Deutschland mitten in der Blüte seiner »Normalwerdung«.

Vielleicht wäre es besser gewesen, die europäischen, aber vor allem die deutschen Juden hätten es ihren Mitbürgern so schwer wie nur irgend möglich gemacht. Hätten sich den Gedenk- und Versöhnungsoperetten kollektiv verweigert. Michal Bodemanns und später auch Max Czolleks Positionen zum »Gedächtnistheater« finde ich nachvollziehbar. Der ganze Gedenkbums führte dazu, dass sich die Deutschen mit jedem Jahrzehnt weniger schlecht, weniger verantwortlich, weniger schuldig fühlten.

Nichts anderes bedeutet das Platznehmen der Faschisten im Bundestag und in den Landtagen. Nichts anderes bedeutet das Verhalten der CDU in Thüringen, die sich nach der Landtagswahl im Oktober nicht aktiv gegen die Faschisten stellte. Aktiv hätte geheißen, dass Mike Mohring, der CDU-Chef, Stunden nach der Wahl gesagt hätte: »Wir würden in diesem Bundesland sogar mit Schlümpfen koalieren, einzig um die Faschisten zu verhindern. Und deshalb reichen wir der Linken unsere Hand und werden als Zeichen unseres Widerstands innerhalb der nächsten 72 Stunden eine Regierung bilden.« Nur wenige Tage nach dem Wahlergebnis bildete sich innerhalb der Ost-CDU eine Gruppe, die mit Antisemiten und Muslimfeinden zusammen ein politisches Bündnis eingehen wollte. Nicht aus Not – hören wir bitte endlich auf mit den Entlastungsorgien –, sondern aus Gründen der gemeinsamen politischen Gesinnung. Die Nachkriegsamnesie hat gewirkt. Man hat den deutschen Faschismus vom Nationalsozialismus und dem millionenfachen Mord an unschuldigen jüdischen Mitbürgern entkoppelt und schmiedet Allianzen mit der AfD. Es geschah nicht aus Gründen der Macht. Es geschah aus purer Zustimmung zu allen politischen Positionen der AfD. Man muss endlich anfangen, es so zu lesen. Gemeinsam mit den Faschisten und einer radikalisierten Splittergruppe namens FDP einigte man sich auf einen Ministerpräsidenten. Es passierte ganz ruhig, geordnet, gesittet. Es passierte im deutschen Parlament, nicht auf der Straße. Der Auschwitz-Überlebende Abba Kovner aus der Nakam-Gruppe hat Recht behalten. Es ging im Wesentlichen einfach weiter.

*W*er mich kennt, weiß, dass ich einen Talkshow-Spleen habe. Ich muss zwanghaft jede Politsendung in den Öffentlich-Rechtlichen gucken, nur um mir immer wieder selbst zu bestätigen, wie strunzgefährlich sie alle ob ihrer sagenhaft aggressiven Abwesenheit von politischer Bildung sind.

»Steckt in jedem von uns ein kleiner Rassist?«, fragte Frank Plasberg am Montagabend. Ich dachte, Gott behüte, ich bin doch nicht Beate Zschäpe. In der steckten mindestens zwei. Zunächst einmal erwartete ich eine Begriffsklärung. Man will ja doch zu gerne wissen, wodurch sich der kleine Rassist vom großen Rassisten unterscheidet. War Josef Mengele beispielsweise ein kleiner oder doch eher ein mordsmäßig großer Rassist? Wo befindet sich Thilo Sarrazin auf einer Skala von klein bis Björn Höcke?

In der Runde saßen weder ein Soziologe noch ein Politologe, obwohl es doch eigentlich eine Selbstverständlichkeit sein müsste, dass wenigstens ein Rassismusforscher dabei ist. Bezogen auf den kleinen Rassisten »in uns« wünscht man sich außerdem noch einen Anthropologen. Stattdessen ging es darum, wer was meint, fühlt und erlebt. Als sei Rassismus eine Art Liebeserfahrung, die so oder so ausgehen kann. Also saß die Selbsthilfegruppe aus dem, dem und dem, und einer machte den Anfang. »Ja, also ich denke manchmal auf der Autobahn …«, sagte einer. »Ja, aber ich beispielsweise …«, entgegnete dann ein anderer. Plasberg näherte sich dem Thema so behutsam wie möglich: »Kann man Rassismus messen?«, fragte er. Ratloses Mäandern in der eigenen Befindlichkeit. Nee, messen kann man's nicht. Aber wenn es geschieht, fühlt man es. Hmm, ja, ja.

In 75 Minuten fielen nicht ein einziges Mal die Worte AfD, Völkisches Weltbild, Kyffhäusertreffen, Identitäre, Ungarn, Rechtsextremismus, NPD, Republikaner, Thilo Sarrazin, Angriffe auf Asylbewerberunterkünfte, Brandanschläge, Solingen, Rostock, NSU, Heimatschutz, Thüringen, Mecklenburg-Vorpommern, Sachsen, Pogrome, Wilhelm Heitmeyer. Nichts von alledem. Kein einziger politischer Sachverhalt, kein einziges Schlagwort aus der Rassismusforschung fiel auch nur ein *einziges* Mal.

Es wurden aber Einschätzungen wie diese geäußert:

Muslime haben ein krankhaftes Verhältnis zur Sexualität.

Muslime haben ein problematisches Verhältnis zu Hunden.

Muslime bevölkern die Rheinterrassen (die Zuschrift einer Zuschauerin wurde eingeblendet, deren Tochter sich nicht mehr dorthin traut).

Wenn man Ausländern die Shishas wegnimmt, wird eine Stadt sicherer.

Türken sind deutschenfeindlich.

Die Kölner haben ein traumatisches Erlebnis mit Muslimen hinter sich.

Türken verheiraten ihre Kinder nicht mit Nichttürken.

Özil wäre bei den Nationalsozialisten mitgelaufen.

Das sind nur Beispiele. Sätze wie diese fielen fortwährend.

Ich schaute auf das Datum, weil ich mir nicht sicher war, ob es eine aktuelle Sendung ist. Denn parallel zur Ausstrahlung am Montag liefen Neonazis, wie bereits am Tag zuvor, durch Chemnitz. Die Presse berichtete vor Ort und live. Kein einziges Wort davon in der Sendung. Das deutsche Fernsehen und die deutsche Gegenwart sind zwei voneinander unabhängige Parallelgesellschaften.

Es ist nun einmal so, dass der Faschismus in allen Ländern dieser Erde, auch und vor allem in Deutschland, nicht durch den pöbelnden Mob eingeläutet wurde, sondern durch die Eliten, die den Rassismus der Bevölkerung legitimieren und ihn im öffentlichen Denken, Sprechen und Handeln institutionell und systematisch verankern. Die Opfer von Rassismus und Faschismus werden in der Öffentlichkeit zu aggressiven und gewaltbereiten Tätern umgedeutet, während zeitgleich in Anwesenheit von Polizeibeamten die deutschen Arme zum Hitlergruß in die Luft gestreckt werden. Bei Plasberg fahndete man eifrig nach dem »kleinen Rassisten in uns« und wurde im Moslem fündig. Irgendwie auch große Kunst. Ich möchte tot umfallen, wenn ich jemals wieder eine Talksendung gucke. Ich muss dringend in ein Talkshowzuschauer-Aussteigerprogramm. Gibt es das, weiß wer was?

Apropos große Kunst: Weil es jetzt ohnehin nicht mehr besser wird, traf mich in den Sommerferien auch noch die schlimmste aller Nachrichten. Nämlich, dass mich der ästhetische Erfinder dieser Theaterkolumne verlassen hat. Deniz Keskin, mein ägäischer Grafiker, der den Look dieser Seite verantwortet und die warmherzigsten, anrührendsten und amüsantesten Bilder schuf und die schönsten Typografien aussuchte, geht weg von mir. Ich weiß nicht, wohin, wieso, weshalb, er erklärte es mir wortreich, aber ich weinte so sehr, ich konnte nicht zuhören. Bei Hollywoodpaaren, die ihre Scheidung bekanntgeben, heißt es immer, aus Liebenden wurden Freunde. Damit ist gemeint, dass es im Bett nicht mehr läuft. Oder dass einer eine Affäre hat. Na ja, bei uns lief es ähnlich. Deniz verließ vor einigen Monaten das Theater und fand in der freien Wirtschaft eine neue Tätigkeit. Gekränkt, mit baumelnden Lockenwicklern im Haar und runtergerutschten fleischfarbenen Perlonstrümpfen schrie ich ihm im Schnapsrausch entgegen: »Was hat die freie Wirtschaft, was ich nicht habe?« Ich konnte ihn noch ein paar Monate lang halten, weil ich mich dramatisch auf den Boden warf und mit Suizid drohte. Aber, mein Gott, ich werde auch älter und sagen wir, optisch problematischer, und irgendwann reicht es nicht mehr zu drohen. Man muss es dann auch machen. Jetzt verlässt er die Kolumne endgültig.

Als die Intendanz mich als Hauskolumnistin verpflichtete, gab sie mir Deniz, den Agäistürken, obendrauf. Ich sollte ihn irgendwie integrieren und nicht aus den Augen verlieren. Fünf Jahre und 90 Theaterkolumnen lang war er mein treuer Begleiter, brachte mir die Grundlagen der Typografie für digitales Publizieren bei, bewies, dass es sehr wohl einen Unterscheid macht, ob man auf Papier oder auf dem Bildschirm liest. Dass es wichtig ist, den Abstand zwischen den Buchstaben so und nicht anders einzuhalten, und dass man es mit Weißraum auch übertreiben kann. Das Theater ließ uns beide machen und er machte es toll. Er ist genau die richtige Mischung aus Künstler und Handwerker, so etwas gibt es nicht oft. Dass einer technisch spitze und obendrein kreativ ist. Außerdem ist er politisch sehr sensibel, weshalb uns in unserer Kolumne nie das passierte, was bei Magazinen häufig geschieht. Der Text behauptet etwas, das Titelbild aber das Gegenteil. Wir haben das Bebildern der Kolumnen immer als eine Art Erweiterung des Anliegens verstanden. Das Bild nahm auf geistreiche Weise ein Detail des Textes auf und bereitete damit gewissermaßen die Temperatur der Rezeption vor. Ich könnte darüber Vorträge halten, weil wir jahrelang darüber grübelten, wie man es wohl am besten macht. Weil Bild und Text immer gleichwertig sind. Für uns jedenfalls war das so.

Wohin du auch gehst, lieber Deniz, werde unglücklich und komm zurück!

Quatsch!! Mögen deine Wege mit Garamond, Geneva und Gil Sans gepflastert sein, mit Glück und Gold. Mögen deine Templates luxuriöser ausgestattet sein als unsere kleine Baracke hier. Unsere Intendantin hat sich bis zum Schluss geweigert, uns etwas Besseres zu spendieren.

Wir jammerten: »Müdürüm, Deutsches Theater, Volksbühne, BE, alle benutzen bessere Templates, sogar Sabah, ja sogar Junge Freiheit.«

Antwort: »Ihr seid Ausländer, seid dankbar.«

Mit tränenerstickter Stimme rufe ich: Aus Fremden wurden Freunde, aus Bohemiens wurden Lohnsteuerklasse 1 (er) und Dispokredit (ich), aus einem Westtürken und einer Kolumnistin wurde »Kiyaks Theater Kolumne«. Danke, Deniz, für alles!

*Ü*ber den rechtsextremen Anschlag in Hanau, bei dem neun Hanauer Bürger aus rassistischen Motiven erschossen wurden, ist bereits viel gesagt und geschrieben worden. Da ich drei regelmäßige Kolumnen in drei Medien habe, möchte ich mich nicht überall wiederholen. Was einigermaßen schwer ist, denn sehr viele verschiedene Meinungen, Ansichten oder Betrachtungsweisen kann man zu einem politischen Ereignis nicht haben.

Ich möchte eine ganz andere Frage stellen: Wo ist eigentlich Angela Merkel? Wieso ist sie nicht nach Hanau gefahren? Wo genau ist eigentlich die Trauer, über die in den letzten Tagen so viel zu hören war? Wo kann man diese Trauer sehen, woran ließe sie sich bemessen? Wo genau steckt eigentlich die trauernde Bevölkerung? Trauert sie? Diese Frage wollte ich ursprünglich schon nach Walter Lübckes Tod stellen und nach dem Attentat in Halle auch. Aber irgendwie habe ich sie mir immer verkniffen, auch weil ich zu faul war, nachzulesen, wie das in anderen Ländern läuft, wenn Terrortaten ähnlichen Ausmaßes verübt werden.

Als am 7. Januar 2015 zwei islamistische Täter in die Redaktion der Satirezeitschrift *Charlie Hebdo* drangen und zehn Redaktionsmitglieder und einen Sicherheitsmann töteten, ordnete Staatspräsident François Hollande bereits am Folgetag des

Anschlags Staatstrauer und eine Schweigeminute sowie Halb-mastbeflaggung für drei Tage an. In ganz Frankreich gingen fast vier Millionen Menschen auf die Straße, allein in Paris waren es 1,6 Millionen.

Bei dem zentralen Trauermarsch am 11. Januar in Paris lief unsere Bundeskanzlerin Angela Merkel gemeinsam mit Prä-sident François Hollande und dem britischen Premierminister David Cameron Hand in Hand in der ersten Reihe. Der israe-lische Regierungschef Benjamin Netanjahu reihte sich wenige Meter von Palästinenserpräsident Mahmud Abbas ein. Zeit-gleich waren in Berlin aus Solidarität mit den französischen Opfern 18 000 Menschen auf der Straße. Am 13. Januar ver-sammelten sich in Deutschland als erneute Reaktion auf den politischen Anschlag in Paris 10 000 Menschen zu einer Kund-gebung am Brandenburger Tor. Gemeinsam mit den Spitzen von Staat und Gesellschaft und muslimischen Verbänden ap-pellierten sie unter dem Motto »Zusammenstehen – Gesicht zeigen«, gegen islamistischen Terror einzustehen. Führende Bundespolitiker wie Bundespräsident Joachim Gauck, Kanz-lerin Angela Merkel, Vizekanzler Sigmar Gabriel und viele weitere Kabinettsmitglieder nahmen daran teil.

Nach dem Anschlag in Hanau wurde von Staats wegen weder etwas angeordnet noch organisiert. (Erst seit gestern ist bekannt, dass am 4. März eine Trauerfeier stattfinden wird, zu der sich die Kanzlerin angemeldet hat. Sie ist demnach ein Gast, nicht die Gastgeberin.) Nach dem Anschlag auf die Sy-nagoge in Halle am 9. Oktober 2019 mit zwei Toten besuchte Angela Merkel am gleichen Abend die Neue Synagoge in der Oranienburger Straße in Berlin, um ihre Solidarität mit den deutschen Juden zu zeigen. Nach dem Anschlag in Hanau mit zehn Opfern sprach sie vom Kanzleramt aus lediglich ein Statement für die Abendnachrichten: »Rassismus ist ein Gift.« Die Mahnwache am Abend am Brandenburger Tor besuchte sie nicht. Seitdem hat man sie nicht gesehen.

Als am 22. Juli 2011 auf der norwegischen Insel Utøya ein norwegischer Rechtsextremist 69 Jugendliche bei einem politischen Camp erschoss und seine Tat später mit seiner Islamfeindlichkeit begründete, reihte sich vier Tage später die norwegische Königsfamilie gemeinsam mit Ministerpräsident Jens Stoltenberg bei den Trauernden ein und weinte wirklich Tränen. Allein in Oslo liefen 200 000 Menschen mit, in anderen Städten gingen ebenfalls zu Tausenden die Menschen auf die Straße. Das ist für Norwegen sehr viel.

Am Abend nach dem Anschlag in Hanau kamen tausend Menschen an den Hermannplatz in Berlin-Neukölln. Und einige Hundert, vielleicht 200, maximal 300, Leute versammelten sich am Brandenburger Tor. Darunter auch einige Spitzenpolitiker. Allerdings privat, nicht offiziell. Als Zeichen der Trauer wurde lediglich am Tag des Anschlags in Hanau der Fasching abgesagt.

Am 15. März 2019 tötete im neuseeländischen Christchurch ein Rechtsextremist 51 Gläubige in der Masjid-al-Noor-Moschee. Premierministerin Jacinda Ardern reiste unverzüglich zu den Opferfamilien (das war der berühmte Auftritt mit dem Kopftuch, bei dem sie Angehörige umarmte). Zwei Tage später fanden sich in Christchurch und vielen anderen Gemeinden Tausende Menschen an Moscheen, im botanischen Garten und an vielen anderen Stätten ein und legten Blumen nieder. Es gab Gedenkgottesdienste, Mitglieder der Maori führten den rituellen Hakatanz auf. Am vierten Tag nach dem Anschlag, also am 19. März, begann Neuseelands Premierministerin ihre Grundsatzrede vor dem Parlament mit dem islamischen Friedensgruß »Salam Alaikum« und wandte sich dann an die Opferfamilien: »Wir können Ihre Trauer nicht kennen, aber wir können mit Ihnen jeden Schritt des Weges gehen. Wir werden Sie mit allem umgeben, was uns ausmacht.« Angehörige aller Glaubensrichtungen fühlten sich verantwortlich für die Hinterbliebenen.

In Hanau sammeln private Initiativen Spendengelder, um die Angehörigen bei den Begräbnissen und der Trauerzeremonie zu unterstützen.

Gleichzeitig streiten in den sozialen Netzwerken Aktivisten, Publizisten und Mitglieder verschiedener politischer, ethnischer und religiöser Ausrichtungen aus Deutschland darüber, wer auftreten oder sprechen darf. Wer darf worüber in der Talkshow reden? Wer soll statt eines anderen eingeladen werden? Gegenseitige, laute, vulgäre Denunziationen und die vollkommen absurde Frage: Wessen Tote sind das? Welchem Land, welcher Fahne, welcher Konfession ließen sie sich zuordnen?

Die deutschen Medien machen ebenfalls keine gute Figur. Sie leihen sich, aus Mangel an türkischsprachigen Journalisten, aus Faulheit oder Spargründen (sie könnten ja einfach Übersetzer besorgen und bezahlen) Fernsehbilder von türkischen Medien aus, die noch vor den deutschen Kollegen bei den Hinterbliebenen Interviews einholten. In unmöglichen Situationen, in vollkommen unpassender Art, pietätlos und würdelos, hielten türkische Medien den verstörten, weinenden Müttern und Vätern die Mikrofone unter die Nase. Diese Bilder werden tausendfach verbreitet. Ein verstörter, alter, krebskranker, türkischsprechender Vater, der sichtlich unter Schock steht, erzählt, dass sein Sohn ihn zweimal die Woche zur Chemotherapie fuhr und nun tot sei. Diese Bilder gehen um die Welt. Sie vermitteln keinerlei politische Aspekte. Es sind apolitische Bilder einer politischen Katastrophe, die ausschließlich privates Leid unter Aussparung der politischen Dimension zeigen. Ein trauernder Vater, eine gebrochene Mutter kann einen Tag nach dem Terror diese Aufgabe nicht leisten. Diejenigen Pressevertreter, die vor Ort waren, sind aus einem einzigen Grund da. Es geht ihnen um die sozialpornographische Darstellung von Gebrochensein.

Wäre nur ein Mitglied der Regierung oder die Kanzlerin selbst vor Ort gewesen, wäre die Dimension dieser politischen Katastrophe auf der Stelle klar geworden. Keine Regierungsmitglieder Hand in Hand weit und breit. Keine Umarmungen einer Kanzlerin. Niemand aus dem Staatsapparat fühlt sich dafür zuständig, in Hanau zu sein und die Opfer vor Voyeurismus zu schützen. Acht Tage sind seit dem Attentat vergangen und die Angehörigen immer noch alleine.

$\mathcal{A}$m Samstag war ich selbstverständlich auch auf der Berliner #unteilbar-Demo und hatte angesichts der vielen Initiativen Integrationsschwierigkeiten. Das Problem habe ich bei jeder Demo. Wo mitlaufen? In welchen Block einreihen? Am Ende landete ich natürlich bei den Schwulen. Deren Block wurde von einem Discowagen angeführt. Aus den Lautsprechern liefen Songs wie »99 Luftballons« oder »Smells Like Teen Spirit«. Man lief nicht, man tanzte sich vorwärts. Irgendjemand hatte eine Plüschvagina in Schwarz-Rot-Gold dabei. Jeder, der durch die Kuschelmuschi in die #unteilbar-Welt sprang, räkelte sich anschließend und näselte »Wie neu geboooren!« Der Wagen war mit Sprüchen geschmückt, da stand »Open your Mouth« und »Sexualität ist keine Entscheidung«. Ich fühlte mich geborgen und richtig am Platz.

Zu den Kurden hielt ich penibel Abstand, sie liefen vor uns und trugen YPG-Fahnen. Sie schauten so traurig, wie man nur schauen kann, wenn man eine Fahne, aber kein Land hat. Hinter uns lief Die Linke. Die waren ebenfalls sehr traurig. Ihre Situation ist ähnlich wie die der Kurden. Sie haben eine Fahne, aber nicht nur kein Land, sondern gleich gar keine Bewegung.

Als die Geziproteste in Istanbul, Izmir und anderswo stattfanden, war es genauso. Ich lande immer bei den Schwulen, die genau genommen zur weltweiten LGBT-Bewegung gehören. Ich habe diese Bewegung das erste Mal übrigens in der Türkei kennengelernt und nicht hier in Deutschland. Den Türken geht so ein Begriff sehr leicht über die Lippen LäSchäBäTä. Wenn man ein reaktionärer Sack ist und seinen Sohn einen Schwuli schimpfen will, sagt man: »Oğlum, LGBT misin?« »Junge, bist du LGBT oder warum willst du Sozialpädagogik studieren?« Ich sage nicht, dass ich das gutheiße, ich sage nur, dass man politisch korrekt herabsetzt.

Ich lief jedenfalls ein paar Stunden mit und freute mich, dass so viele Menschen auf der Straße waren. Einige der Initiatoren dieser Demonstration kenne ich persönlich. Noch am Vorabend hatte ich eine Freundin aus dem Planungsteam getroffen, die sich Sorgen darüber machte, ob wohl genügend Menschen teilnehmen werden. Eine friedliche Demonstration wirkt und beeindruckt nur durch Masse. Ist ein Demonstrationszug eher mäßig, seine Botschaft aber ungehörig, aggressiv und extremistisch, dann, ja dann reichen ein paar Leute, um Aufsehen zu erregen.

Wenn man selber im Protestmarsch steckt, hat man natürlich keinen Überblick über die Menge, aber man spürt, ob es sich um viele oder nicht so viele handelt. Am Samstag spürte man die Masse physisch. Nicht, weil es gedrängt zugegangen wäre – im Gegenteil, es war zu keinem Zeitpunkt bedrückend, sondern immer unbeschwert und heiter –, sondern weil eine Viertelmillion Körper eine sehr spezielle Energie übertragen.

Unweigerlich gingen mir die Bilder des sogenannten Chemnitzer Trauermarsches durch den Kopf. Das war die Demo mit den Hitlergrüßen und den nackten Ärschen, die von der sächsischen Regierung anschließend als ökonomischer Hilferuf der ostdeutschen Bevölkerung interpretiert wurde. Wie man den Hitlergruß zu einer Forderung nach der Mietpreisbremse umdeuten kann, werde ich nie verstehen. Es sei denn, man deutet den gesamten Nationalsozialismus um. Wobei, wenn ich es recht bedenke, geschieht das bereits. Wie sagte Björn Höcke mal so schön: Hitler als das absolut Böse zu sehen, sei Denken in Kategorien »von Schwarz und Weiß«. Geschichte sei aber nie nur das eine oder andere. Aus Sicht der jüdischen Opfer wüsste man natürlich gerne, was die positiven Aspekte ihrer Vernichtung waren, aber so, wie man die AfD in den letzten Jahren kennengelernt hat, werden sie es uns sicher ganz bald erklären.

Am Tag nach der #unteilbar-Demo hieß es in den Nachrichten anerkennend, ja fast erstaunt, dass sich eine überwältigende Menge von Menschen friedlich gegen Rassismus und Nationalismus ausgesprochen habe. Übrigens waren nur 900 Beamte im Einsatz, die im Wesentlichen mitsummten, Eis aßen und einfach nichts, wirklich nichts zu tun hatten. Doch schon am Sonntag gegen Nachmittag ging es um die Auszählung der abgegebenen Stimmen bei der bayerischen Landtagswahl, Montag darauf war von #unteilbar nicht mehr die Rede. Ist eigentlich aufgefallen, dass die Demo auf den Seiten der Springerpresse nicht vorkam? Jedenfalls nicht als große Sache und nicht ganz oben und nicht ganz wichtigwichtig. Als Pegida lief, begleitete man jahrelang jede (!!!) Kundgebung und deutete sie als etwas Großes und Gewichtiges. Die Woche fing an und es war quer durch alle Medien so, als wäre am Samstag nichts geschehen. Keine parteipolitischen Vereinnahmungen, keine Talkshows, nichts. Die Sorgen und Nöte der Demokratiefreunde werden nicht gesehen.

Als im Oktober 2015 über 150 000 Menschen gegen TTIP und CETA in Berlin auf die Straße gingen, lief es ähnlich. Es beeindruckte medial kaum und politisch gar nicht. Der Welthandel ist nicht gerechter geworden.

Während ich immer noch total naiv und gottgläubig täglich darauf warte, dass jemand aus der Politik auf die Idee kommt, die Anliegen von einer Viertelmillion Menschen ernst zu nehmen, wird diese Bewegung nicht einmal als Diskursmasse betrachtet. Ist es falsch zu behaupten, dass die Grenzüberschreitungen der Rechtsradikalen mit anschließenden Talkshow-Operetten geadelt werden, die politischen Forderungen der demokratischen Bürger aber nicht zur Diskussion stehen? Schreien in Bautzen, Cottbus oder sonst wo drei Handvoll asoziale Nazis aus der Mitte des Bürgertums auf, werden Parteiprogramme umgeschrieben, Asylgesetze verschärft, nach Afghanistan abgeschoben. Soll man daraus nun einen Trick ableiten? Wäre es sinnvoller gewesen, wenn am Samstag ein paar Linksextreme randaliert oder Polizisten angegriffen hätten? Sollte man als demokratischer Bürger, der für Frieden, Gleichheit und Europa auf die Straße geht, künftig auf jeder Demo in einer Hand eine Hakenkreuzfahne halten und wann immer Seehofers Gesicht erscheint »Absaufen, absaufen« brüllen? Ist das die Lösung?

*M*ir fiel bereits vor längerer Zeit auf, dass meine männlichen Kollegen in ihrer Leserpost stets mit »Werter Herr Kolumnist« angesprochen werden, also immer siezend und mit Nachnamen. Ich hingegen werde prinzipiell mit meinem Vornamen angeschrieben: »Mely!« Das Ausrufungszeichen ist sehr wichtig. Ohne geht es eigentlich nie. Immerhin können sich meine Leser die Buchstabenfolge merken, tröste ich mich. Einmal, das ist Jahre her, lud mich der Ehemann einer Pastorin aus Halle an der Saale zu einer Lesung ein. Wir vereinbarten, dass er mich mit den Worten vorstellt: »Herzlich willkommen Kely Miyak«, dann wollten wir abwarten, ob es jemand merkt.

Tatsächlich meldete sich eine Zuhörerin aus dem Publikum und merkte an: »Sörry Theö, die heißt nicht Kely Miyak, sondern Necla Kelek.«

Der Klassiker unter den Fragen, die mich erreichen, lautet: »Sag mal, wer bumst dich eigentlich? Mely!« Meistens wird mir diese Frage von Lesern aus dem orientalischen Mittelmeerraum gestellt.

Natürlich antworte ich auf so etwas unverstellt und offen. Die Frage, wer mich bumst, ist abhängig von den Jahreszeiten. In Monaten mit M bumst mich Herr Mustafa, in Monaten mit S Herr Süleyman. Für die Monate mit Ü und Y allerdings fehlen mir noch Bumser, antwortete ich einmal einem Leser. Er schrieb zurück: »Kein Problem, da bumse ich dich. Kann auch die anderen Monate übernehmen.« Ich antwortete: »Fangen wir lieber klein an. Üprül bis Yktober können Sie vorbeikommen, Gorki Theater Berlin, Hauptbühne, 19.30 Uhr.«

Was mir immer wieder auffällt, ist die Diskrepanz zwischen den Lesern mit Muttersprache aus dem orientalischen Mittelmeerraum und jenen, deren Eltern gebürtig dem Raum nördlich der Alpen entstammen. Die erste Gruppe, also die Mittelmeerrezipienten, sind besessen von der Frage, ob ich »da unten« Haare habe. »Hat sie Haare?«, »Die Schlampe hat bestimmt Haare«, »Sie ist schon so alt, sie hat bestimmt keine Haare mehr«, »Vielleicht hat sie Borsten, diese verfickte Hure«. Neulich sah ich in einer Teenagerkomödie das Foto einer dunkelhaarigen Vulva mit leicht geöffneten roséfarbenen Labien. Zwei Schuljungen überboten sich aufgeregt in bildreichen Beschreibungen. Eine davon lautete, dass die Muschi aussehe wie ein Hamster mit 'ner Scheibe Schinken drauf.

Die andere Gruppe konfrontiert mich zuverlässig mit der Frage danach, was meine Arbeit bewirke. Ich reagiere besonnen, was soll ich sonst tun: »Was erwarten Sie sich von meinen Texten, es handelt sich um Infotainment mit einer Prise Amusement« – »Ja, labern kannst du. Nichts als labern. Aber Lösungsvorschläge hast du keine. Mely!«

Die Leute denken, Kolumnenschreiber müssten Lösungen liefern. Müssen sie natürlich nicht. Das macht diesen Beruf zu einer begehrten Tätigkeit, die sich gut in die Tagesfreizeit integrieren lässt. Leicht verdientes Geld unter Beibehaltung geregelter Schlafens- und Mahlzeiten, ich kann nicht klagen.

Im Gegensatz zu politischen Korrespondenten, die mit den Politikern in den Regierungsmaschinen sitzen und sich anschließend beim Schreiben darüber bewusst sein müssen, dass auch nur der leiseste Hauch einer Kritik dazu führen wird, dass sie nicht wieder mitfliegen dürfen, kann ich alles schreiben. Ich bin – mein Gott, das wird mir jetzt erst bewusst – frei wie ein Kuckuck am Baum. Ich hämmere konsequenzlos meinen Schnabel ins Holz.

Einmal saß ich in der Parlamentarischen Gesellschaft des Deutschen Bundestags und war hingerissen von der Schnittchenauswahl. Die Handynummer des Politikers, die er mir während der Soirée zusteckte, besitze ich noch. Zu Weihnachten schicken wir uns glühende Zeilen der Verehrung hin und her. Er hat ein gutes Herz, half mir aus der Jacke, goss mir zu Trinken nach, brachte mich zum Lachen. Wer bin ich, einen so feinen Mann, der mich mit Aufmerksamkeit überschüttet, zu kritisieren? Ich bin eine Frau in mittleren Jahren, ich schrieb es auch schon, als ich eine Frau in jungen Jahren war, ich bin süchtig nach Zärtlichkeit. Wenn man mich bewirtet und umgarnt, setzt meine Kritikfähigkeit aus.

Nach 100 Theaterkolumnen ist es Zeit, Bilanz zu ziehen. Was hat »Kiyaks Theater Kolumne« erreicht? Ich würde sagen: im Großen und Ganzen nüscht.

Im Laufe der 100 Theaterkolumnen habe ich viele Schauspieler kommen und gehen sehen. Allein das Studio hat in der Zwischenzeit drei Mal die Leitung gewechselt. Es ist immer die gleiche Tragik. Wir holen die Kinder von der Straße, stecken unser ganzes Herz und Hartz IV in die Bagage, bilden die tippitoppi aus, dann kommen die reichen Clubs und kaufen sie uns wieder weg.

Mein Gott, als ich hier begann, gab es im Studio noch getrennte Toiletten für Frauen und Männer. Ach, was rede ich! Als ich anfing, im Gorki zu schreiben, gab es noch Frauen und Männer!! Wir waren die erste Generation, die aus West-Berlin kam und am Festungsgraben Aufbauarbeit leistete. Meine Kolumnen wurden abends vor der Vorstellung von studentischen Aushilfskräften mit Glöckchen an den Filzschuhen laut »Depesche, Depesche!« rufend vor dem Hauptportal verteilt. Manchmal hielten Touristen auf der Straße Unter den Linden an, um sich das Spektakel anzusehen, und fragten: »Is the Kaiser still alive?« – »Yes«, antworteten unsere mittelalterlichen Boten und drückten ihnen eine Theaterkolumne in die Hand, »she is verkünding her newest Dekret«.

Auf die Kolumnen folgten Köfte und der ganze andere Bums, mit dem man uns nachsagt, wir wären eine Art Asylbewerberheim mit angeschlossener Theater AG.

Mittlerweile steckt meine Theaterkolumne in einer Kunst-

stoffkolumnenvitrine neben der Theaterkolumne unseres Exil-
türken Can Dündar, den unsere Direktorin in der Zwischenzeit
auch noch einstellte. So liegen die Kolumnen wie in einem Klo-
papierhalter im großen Foyer. Wer will, nimmt sich ein Blatt,
faltet es und fächert sich damit während der Vorstellung Luft
zu. Eine Zuschauerin, ich sah es mit eigenen Augen, nahm sich
eine meiner Kolumnen, las sie aufmerksam durch und sagte zu
ihrem Ehemann: »Schau mal, sie spielen heute wohl doch nicht
›Kleiner Mann – was nun?‹, sondern ›Kiyaks Theater Kolumne‹. Ist das nicht von Thomas Bernhard?«

Oft steht bei uns in der Kantine eine neue Aushilfe, die mir
beim Abkassieren den Ausländertarif berechnet, also den Preis
für »Außer-Haus-Gäste«. Sie will mir partout nicht glauben,
dass ich zugehörig bin, wenn ich sage: »Mach Hauspreis, Liebling«. Manchmal habe ich Glück und Schauspieler aus dem
Haus bürgen für mich. Wie neulich, da standen unsere beiden
Schauspiel-Mehmets hinter mir in der Reihe und sangen wie in
einem antiken, griechischen Chor: »Sie ist keine Scheingorki,
sie ist eine indigene Iphigenie.« Ich bin zu selten da, weil ich
viel »Homeoffice mache«. Meistens aus dem Restaurant vom
Fünf-Sterne-Hotel de Rome aus, das auf der anderen Seite der
Linden liegt.

Eine Sache habe ich doch erreicht, fällt mir ein. Ich habe mit
meinem Schreiben die herrschenden Machtverhältnisse geändert. Die Faschisten sind mittlerweile im Bundestag vertreten.
Ich wurde dafür schon miofach in Haftung genommen. Meine
hassdurchsiebten Weltbetrachtungen führten angeblich dazu,
dass unbescholtene demokratieverliebte Deutsche aus Gründen
des Selbstschutzes die AfD wählten. Das ist eine Logik, die man

nur versteht, wenn man sich in der NSDAP-Ideologie auskennt. Am Faschismus sind immer die Opfer schuld. Das klingt simpel und nur deshalb funktioniert es. Ich bin aber nicht schuld am Aufstieg der Faschisten. Umgekehrt ist es präziser. Ohne meine Präsenz würde es den Faschisten schwererfallen, ihren Faschismus zu legitimieren. Bitte, gern geschehen, man hilft, wo man kann. Aber insgeheim denkt man sich auch, meine Güte, diese Nazis sind gegen Inklusion, brauchen zum Arschlochsein aber unsere Hilfe.

*W*enn ich Menschen begegne, die nur Deutsch sprechen können und allenfalls etwas Schul-Russisch oder Schul-Englisch beherrschen oder die zu Hause die gleichen Worte verwenden wie auf dem Schulhof, kann ich vor Mitgefühl kaum innehalten.

Dann schaue ich diese Leute an und denke: »Eeeecht jetzt? Space, vallah! Nur eine Sprache? Wie vollamputiert. Hast du Behindertenausweis?«

Ich erwähne das bloß, weil neulich in der *Bildzeitung* eine in meinen Augen vollkommene Normalität zur Schlagzeile wurde: »Nur eins von 103 Kindern spricht zu Hause deutsch.« In der Unterzeile wurde eine Rektorin aus Neukölln zitiert: »Wir sind arabisiert.«

Mein erster Gedanke war: Inşallah yarabbim! Hoffentlich bleibt es nicht bei leeren Versprechungen!

In bestimmten Landstrichen Deutschlands traf ich Menschen, deren Muttersprache eigentlich Deutsch ist, aber das, was sie sprechen, könnte man allenfalls als Alternativdeutsch beschreiben. Paralleldeutsch. Fakedeutsch. Ich meine damit keine Dialekte, die in meinen Augen immer und in jeder Sprache ein linguistisches Kunstwerk darstellen. Nein, ich meine verstümmeltes Deutsch mit Kaputthintergrund. Gesprochen von Henning und Jasmin. Heike und Jerôme-Björn.

Menschen, die aus anderen Ländern kommen und ihre Kinder hier in Deutschland erziehen, sind hiesigen Muttersprachlern vielfach überlegen. Sie sprechen unter Umständen semiexzellentes Deutsch, dafür können sie eine Menge Dinge, die andere nicht können:

Sie kennen sich mit zwei Steuersystemen aus. Sie können in zwei Ländern ihre behördlichen Angelegenheiten regeln, Autos mieten, anmelden, abmelden. Sie wissen, wie man sich in zwei Medizinsystemen bewegt, kennen die Fachtermini aller Volkskrankheiten in zwei Sprachen. Sie können sich in zwei Ländern ins Auto setzten und nicht nur blind jedes Dorf und jede Stadt anfahren, sondern wissen auch auf Anhieb, wie man in die Nachbarländer kommt. Sie kennen die Berge, Flüsse und Täler von zwei Ländern, wissen, wo sie münden und in welchen man schwimmen kann. Sie kennen die Küchen zweier Länder, ihre spezifischen Gewürze und Geschmäcker, die Kochmethoden, die Schulsysteme, das Banken-, Kredit- und Währungswesen. Sie wissen alles über Sparbriefe und Girokonten zweier Länder, kennen die Dispokreditzinsen und die Formeln, um die Grundsteuer auszurechnen, aus dem Effeff. Sie können im Kopf in Sekundenschnelle von Mark in Euro, in Lira, Dirham, Dinar und zurück in Dollar umrechnen, gleichzeitig einkaufen, den Preis drücken und dabei sehr lustig und irre peinlich sein. Deutsche Monosprachler schieben einfach nur traurig und leidenschaftslos ihre EC-Karten in den Bezahlschlitz bei Rewe an der Kasse, Bisprachler aber können dabei auch angeberisch gucken oder romantisch oder einfach nur pleite, als wären sie auf dem Basar und nicht bei Penny. Ausländereltern mit Doppelsprachhintergrund kennen die Ein- und Ausreisebestimmungen der Länder, in denen sie wohnen, aus denen sie flohen, in denen sie Ferien machten oder machen wollen, aber wegen fehlender Papiere nicht dürfen. Sie wissen, was man tun muss, um diese Papiere zu bekommen. Die Visabestimmungen ändern sich fortwährend. Sie sind immer auf Zack, es entgeht ihnen keine Novellierung. Sie beherrschen nicht nur die Alltagssprache, sondern auch die Behördensprache, was ja in allen Ländern eine Welt für sich ist. Und wenn man sie auf der Straße fragt, wie es ihnen geht, wissen sie, dass der Arzt die gleiche Frage nur in anderen Worten stellt (»Was sind Ihre Beschwerden?«). Sie kennen das Liedgut, die Literatur, Gedichte und die Sprichwörter zweier Länder, sie können in zwei Sprachen einen freundlich gemeinten Witz von Sarkasmus unterscheiden. Sie kennen die Fußballvereine und alle Clubs, die in der ersten Liga spielen. In beiden Ländern! Sie kennen die Fußballhymnen, die Weihnachtslieder, die Bayrambräuche, die Feiertagsfloskeln, die Flüche, die Verwünschungen, die Beileidsworte und auch die Glückwünsche zur Geburt. Sie kennen die UKW-Stationen ihrer Lieblingssender beider Länder auswendig, sie wissen, wann in welchem Land Feiertag ist. Sie verfolgen NTV, CNN, BBC, ARD, Al Jazeera und sie schauen immer das ZDF-Wetter im »heute journal«. Die Wetterkarte beider Länder haben sie fest im Blick, denn egal, wo sie sind, immer ist jemand, den sie lieben, hier oder dort, und da will man wissen, ob demnächst mit Frost oder Hitze zu rechnen ist. Sie kennen die Handytarife und Roaming-Gebühren ihrer beiden Länder auswendig. Sie kennen die Zeitungen und Zeitschriften zweier Länder, sie beherrschen das Lotteriesystem und dessen komplizierte Regeln hier wie dort. Sie kennen bedeutende Reden von Politikern aus zwei Ländern, wenn man sie nach Naturkatastrophen befragt, haben sie die einen mit Sturm, Wind und Regen genauso erlebt wie die mit Hitze oder Erdbeben Tausende Kilometer entfernt.

Sie kennen und wissen mehr. Sie erfahren mehr. Sie lesen mehr. Sie hören mehr. Sie sehen mehr. Sie sind nicht Ausländer. Sie sind Mehrländer.

Manchmal denke ich, dass Ausländersein in Deutschland nur noch die Funktion hat, Nichtausländer an sich abreagieren lassen zu können. Es ist der immer gleiche, alte Stumpfsinn. Deutsche wollen, dass man deutsch wird wie sie. Ich würde jedem Nichtdeutschen empfehlen, der zu bleiben, der er ist. Warum freiwillig all diese Erfahrungen, Kompetenzen, Ressourcen aufgeben? Damit man die gleichen Minderwertigkeitskomplexe hat wie diese Rektorin aus Neukölln? Damit man auf ihrem Bildungsniveau steckenbleibt? Sie hat während ihrer Pädagogikausbildung offenbar kein einziges Linguistikseminar besucht. Bilingualität bedeutet eine erhöhte Multitaskingfähigkeit. Mehrsprachler sind fitter im Gehirn. Es gibt dazu Studien ohne Ende. Sie belegen alle, dass Mehrsprachler gegenüber Monolingualen in vielen Dingen überlegen sind. Sogar von einem geringeren Alzheimer-Risiko ist die Rede. Wer zwischen zwei Sprachen hin- und herwechselt, vollzieht mit seinem Gehirn eine anspruchsvolle Transferleistung. Mehrere Sprachen sprechen bedeutet nicht nur, einen größeren Vokabelschatz zu haben, sondern zwei Leben zu führen. Zwei Systeme zu beherrschen. In zwei Universen ein und aus zu gehen.

Um die Welt und den Menschen zu ergründen, bringt es gar nichts, die Länder zu bereisen und im All-inclusive-Urlaub fünf weitere Kilo zuzunehmen. Wenn du dich zum Spottpreis im sinnlos all-inklusiven Urlaub bedienen lässt, dann bleibst du, wie du warst, bevor du wegfuhrst. Dann reicht es nur für die *Bildzeitung*. Es kann niemals nur um Grammatik, Semantik und Rhetorik gehen. Wer versucht, die Sprache eines anderen Volkes zu sprechen, einen Schritt rauszugehen, auf den Markt, auf die Behörde, mit einem Stück Börek beim Nachbarn klingeln, wer versucht, die Sprache seines Mitbürgers zu sprechen, der weiß, dass im Leben Gemeinschaft zählt und niemals Genitiv.

Wer sich in einem fremden Land ein neues Leben aufbaut, begrüßt seine Schulkinder möglicherweise mono-, bi-, tri-, nix-verstehen-, oder liebevolllingual. Darum geht es, dass dir einer mit freundlichem Gesicht die Tür öffnet und sagt: »Hallo Kinder. Schule schon lange Ende eşek oğlu eşekler! Wo wart ihr, çikken naggetler kalt oldu!!«

Macht's gut kıros out there!

*M*emo, einer der beiden Mehmets aus dem Schauspiel-Ensemble des Gorki Theaters, hat die Angewohnheit, seine Ansichten zum Leben mit seiner Kleidung auszudrücken. Treffe ich ihn, laufe ich einmal um ihn herum und versuche herauszufinden, wofür oder wogegen er ist. Ich habe ihn noch nie unbedruckte Sachen tragen gesehen. »Oğlum, bist du eine Litfaßsäule oder was?«, frage ich ihn dann. »Kiyaks Theater Kolumne« könnte auf seinem Körper funktionieren. Ich selber bin nämlich nicht in den sozialen Netzwerken vertreten, pintäräst, mintäräst, interessiert mich alles nicht. Einfach Kolumne auf T-Shirt, Hose, Mütze drucken und Mehmet damit anziehen. Memo flippt total auf so was.

Vor vielen Jahren brachte ich ihm aus Kurdistan ein T-Shirt mit, auf dem »Kurdistan« steht. Mir gefiel die Idee ganz gut, einen Türken in ein Kurdistan-Shirt zu stecken. Ich dachte, hadi be anasını sattığım – zwangsassimiliert der König im karierten Jackett in der Türkei die Minderheiten, assimiliere ich im Gegenzug die Türken hier. Memo selbst nennt sich »schwäbischer Türke«. Für mich ist er einfach Memo. Der mit den schlechten Klamotten.

Memo liebt das T-Shirt. In rot-gelb-grünen Versalien steht KURDISTAN neben dem Nike-Symbol. Aber der *swoosh* ist falsch herum, die Welle zeigt in die falsche Richtung. Das ist das Schicksal Kurdistans, alles geht immer in die falsche Richtung.

Die Kurden sind vermutlich das einzige Volk der Welt, das den Kapitalismus lebt, aber vom Sozialismus träumt. Ich verstehe das. Wer auch nur einen einzigen beschissenen Tag im Karstadt verbracht hat, wer an einem Samstagnachmittag einem

Parkhaus entkommen ist, wer im *food corner* eines Einkaufszentrums beim Versuch, sich zu ernähren, knapp dem Tod entronnen ist, der ist reif für dinkeldemokratisch organisierte Genossenschaftsmodelle. Das T-Shirt kaufte ich übrigens in einer alten Karawanserei in Diyarbakır, natürlich nicht aus regional gepflückter Baumwolle, gefärbt, gewebt und bestickt in Ostanatolien, sondern produziert vom Brudervolk in China.

Memo trug das T-Shirt, dessen Aufschrift an sich genauso wenig als Slogan taugt, als wenn »Katalonien« oder »Karlsruhe« daraufgestanden hätte. Erst der Kontext macht das Wort programmatisch. Die Verwandlung vom privaten zum politischen Körper hängt auch davon ab, wo man etwas trägt. Und was man *noch* trägt. Er trug einen schlechtsitzenden Anzug, der über und über mit bunten Katzen bedruckt war. Der Katzenanzug mutete vollkommen irre, geradezu psychedelisch an. Wie eine Scud-Rakete schoss mir ’ne Sirene aus dem Schädel: »Ist das kurdische Volk eine Ansammlung von Muschis oder was, *lan*? Was soll der Scheiß? Deine Katze ist eine Katze!«

Wie konnte ein einzelner Mann auf einem einzigen Körper so viel gleichzeitig falsch machen? Über seine Schuhe, Strümpfe und so weiter will ich gar nicht anfangen zu sprechen. Er amüsierte sich über mich, wie immer eigentlich, wenn ich ihm etwas Wichtiges über das Leben beizubringen versuche. Ein bisschen frech wurde er auch. »Warum regst du dich so auf? Gibt es in Kurdistan keine Menschenrechte für Katzen?«

Ich sagte: »Hör zu, ich bin Menschenrechtskolumnistin. Ich setze mich für die Freiheit der Völker ein. Ich lasse es nicht zu, dass du ein Volk, das weder ein Land noch eine Lobby hat, mit imperialistischem Katzencontent diskreditierst. Zieh das aus! Hier vor meinen Augen. Und dann verbrenne den Anzug.« Er lehnte die Forderung ab. Sein Argument lautete, dass er ein freier Bürger sei und dass er tragen könne, was er wolle. Er befinde sich in einer Demokratie. Ich dachte, meine Güte, nicht einmal eine Minute lang hält es ein schwäbischer Türke aus, wenn man seine Kleidung, seine Symbole, seine Freiheit zensiert. Ich sagte: »Ohne die Kurden wäre der gesamte Nahe Osten im Arsch. Keine Weltgemeinschaft der Welt hatte Lust, eine Handvoll kaputter Islamisten aus dem Weg zu räumen. Die ganzen Frauenrechtler von Amerika bis Zypern hatten auf einmal keine Augen und Ohren für die Frauen, die live unter unserer Mitwisserschaft erniedrigt wurden. Minderjährige Mädchen mussten sexuelle Folter erleiden. Wir haben es alle gewusst. Nur George Clooneys Ehefrau hört nicht auf, darüber zu sprechen. Und wenn Amal nicht seine Frau wäre, wüssten wir nicht, dass sie neulich vor den UN forderte, dass endlich Urteile über diese Mörder gefällt werden müssen. Ich las es in der *Bunten*! Sie trug einen eleganten Einteiler.«

Memo wurde ganz blass. »Mensch Mely, beruhige dich. Es sind doch nur Katzen«.

Ich schaute ihn an und sagte: »Tut mir leid. Weiß auch nicht, warum ich so dünnhäutig bin. Die ganze Welt ist im Arsch, und du und ich haben auch nichts Anständiges gelernt, das irgendwem helfen könnte.«

Memo nahm mich in den Arm. Ich vergrub mein Gesicht in seinen Katzen. Ich murmelte: »Entschuldige bitte. Ich bin auch nur ein Mensch.« Daraufhin lachte Memo so laut, dass sein ganzer Körper wackelte und die Katzen schamlos enthemmt über Kurdistan tanzten. Unter schallendem Gelächter sagte er: »Bak sen, bak sen. Mensch'miş*!«

»Krieg dich ein, kedili kıro«, antwortete ich: »Natürlich Mensch'im.«

*I*m Internet verbreiten sie jetzt dieses Wahnsinnsbild, das Diptychon unserer Gegenwart. Links sitzt Greta an irgendeinem Freitag im vergangenen Jahr in Stockholm, schaut entschlossen in die Kamera und wirkt doch verloren. Wie sie da so sitzt, für ihr Alter noch recht zart, mit rosafarbenem Rucksack, blauen Turnschuhen und geflochtenen Zöpfen, schwänzt sie die Schule, um für das Klima zu demonstrieren. Ihr selbstgemaltes Pappschild (»Skolstrejk för klimatet«) hat sie neben sich aufgestellt. Die rechte Seite des virtuellen Klappbildes

---

* Wie kann man Memos Späßchen auf meine Kosten sinnig übersetzen? Gar nicht. Die Kunstsprache, die Memo und ich verwenden, besteht daraus, dass wir die deutsche Vokabel à la turca beugen. Wir konjugieren türkisch und hängen die türkischen Endungen an die deutschen Wörter.

Er hat es in etwa so gemeint: »Hört, hört, sie will ein Mensch sein!« Und ich antwortete: »Ja, du Tölpel mit Katzenhintergrund. Ich bin ein Mensch.« Das ist für Sie als Mitglieder der monolingualen, non-bi-plauderigen Mehrheitsgesellschaft womöglich kein Stück witzig. Warum? Weil der Witz in der Übersetzung verloren geht. Im Türkischen benutzt man die Formulierung »Hört, hört (bak sen, bak sen) …« nur, wenn einer etwas Ungeheuerliches, Aufsehenerregendes über sich behauptet. Außerdem muss man dabei einen überheblichen Tonfall einnehmen und sehr blöd gucken. Dadurch setzt man den anderen auf effektive Weise herab. Immer noch nicht witzig? Bleiben Sie stark und halten Sie es aus. Integration hat – ich habe nie etwas anderes behauptet – ihre Grenzen.

zeigt Freitag, den 20. September, und ein Meer von jungen Schulschwänzern. Sie demonstrieren zu Beginn des Weltklimagipfels in New York, der einen Tag später stattfinden wird. Die Proteste beginnen in Australien, weil da der Tag anfängt, und ziehen sich quer über den Erdball und alle Kontinente. Ich bewundere diese jungen Menschen, die sich ihre Energie und ihre Lebenslust nicht durch Politiker verderben lassen. In Deutschland zählen deutsche Politiker wie Christian Lindner und Paul Ziemiak zu den jungen Wilden. Im Gegensatz zu den demonstrierenden Schulkindern wirken sie geistig verschrumpelt. Wie gerade diese beiden – aber auch andere Männer, es sind immer Männer – in ihren Reden und Tweets hemmungslos über das minderjährige Mädchen Greta hergefallen sind, hatte etwas zutiefst Obszönes, diese geballte Männerpower vom Funkturm der Macht herabdozierend. Wie sie dabei wirken, ohgottohgottohgott.

Diese Woche sah ich eine Phoenix-Runde, wo eine dieser sehr jungen Klimaschützerinnen, Franziska Wessel, 15 Jahre alt, bestens informiert, mit Diana Kinnert, Ausnahmetalent und Nachwuchshoffnung der CDU, diskutierte. Zwischen beiden Frauen, der Aktivistin und dem CDU-Juniortalent lagen vielleicht zehn Jahre. Die Kinnert, immer sehr schlau, sehr informiert, wirkte im Gespräch mit der Schulschwänzerin aber wie ein Apparatschik, dem die politischen Gesten bereits in Rhetorik, Duktus und Habitus übergegangen sind. Dagegen schien Bärbel Höhn (sie könnte die Oma von beiden sein), ehemalige grüne Umweltministerin, in dieser Runde, als wäre auch sie gerade vom Schuleschwänzen zurück, so voller Elan und Energie war sie. Es ist der Geist, der das Uralte von der Jugend trennt, nicht das Alter.

Ich war mit 16 Jahren auch kein ganz dummes Mädchen, aber immer noch nicht klug genug, um den vergleichsweise simplen Zusammenhang zwischen FCKW, Ozonloch und Atmosphäre zu kapieren. Unser umweltpolitisches Engagement beschränkte sich darauf, kein Haarspray zu kaufen, das mit Fluorchlorkohlenwasserstoffverbindungen aus der Dose gezischt kam. Auf diesem Wissensniveau bin ich im Prinzip geblieben. Im Gegensatz zu den jungen Klimaaktivisten heute verließ ich mich darauf, dass sich schon jemand finden wird, der sich um das Klima kümmert. Unsere Hoffnungen lagen auf – ich weiß, ich weiß, sagen Sie jetzt bitte nichts! – Joschka Fischer und Jürgen Trittin.

Die letzte Woche verbrachte ich in der Abtei Fulda mit Benediktinerinnen. Freitag gegen Mittag lief ich durch die Stadt, vorbei an Restauranttischen, an denen das Fuldaer Bürgertum von großen Tellern dicke Portionen frittiertes Irgendwas aß, das über karierte Tischdecken lappte. Man spülte mit Wein und Bier nach. Kleine Rülpserchen der Zufriedenheit, wie sie nur der Wohlstand hervorzubrodeln vermag, entschwebten in die hessische Hemisphäre. Vom Marktplatz aus hörte ich den Demonstrationszug der Klimaaktivisten, die aufgeregt Reden am Mikrofon vortrugen. Unter anderem ging es um ein öffentliches Gelübde, keine Plastikstrohhalme mehr zu verwenden. Das Fuldaer Bürgertum lachte sich an den Tischen mit dem frittierten Zeug kaputt und zog über die Jugendlichen vom Marktplatz und die »kleine Verrückte aus Schweden« her.

Sie sagten noch allerhand anderes, das man jungen Menschen nicht sagen darf, weil es die oberste Regel ist, Menschen im Erwachsenwerden nicht zu brechen und nicht zu biegen.

Angewidert floh ich in die Abtei, gerade noch rechtzeitig, um die Fürbitte in der Mittagshore zu erwischen. Während draußen das satte Bürgertum die eigene Zukunft verspottete, welche gerade auf dem Marktplatz das eigene Leben in die Hand nahm, betete eine Äbtissin mit ihren christlichen Mitschwestern am abseitigsten Ort der Welt und hörte sich im Rahmen ihres Berufes und ihrer Berufung erstaunlich diesseitig an:

Wir beten für die Atmosphäre, die uns schützt,
für die Ozeane, die unser Klima mitbestimmen,
für die fruchtbare Erde, die Grundlage aller Nahrung,
für die Wälder, die uns atmen lassen.

Wir beten für alle,
die sich der Zerstörung der Lebensgrundlagen entgegenstellen
mit Mut, Ausdauer und Vertrauen.

Wir beten für alle, die Gottes Schöpfung misshandeln,
die Menschen und Tiere ausbeuten,
die Gottes Segen ignorieren, obwohl sie von ihm leben.
Und für alle, die auf Gottes Vergebung hoffen und
umkehren wollen.

Wir beten für alle, die schwanken
zwischen Nicht-wissen-Wollen und Resignation;

für alle, die festhalten wollen an der gewohnten Lebensweise.
Und für alle, die Mut brauchen zu unbequemen Schritten.

Wir beten für alle politischen Entscheidungsträgerinnen
und -träger und Lobbyisten,
deren Gedanken und Pläne das Licht des Geistes brauchen,
die entdecken, dass auch ihr Herz verletzlich ist
und offen für den Schmerz der leidenden Schöpfung.

Gott, Schöpfer der Welt – Wir bitten dich, erhöre uns.

*I*s dit nich furchtbaa?« Die alte Frau adressierte ihr lautes und empörtes Geschrei eindeutig in meine Richtung. Wie eine Lehrerin, die ihre Schülerin an die Tafel zitierte, winkte sie mich an die Mauer in meiner Straße heran. Irgendjemand hatte über Nacht mit lila Farbe eine Botschaft darauf gesprüht. Mit ihrem Gehstock hämmerte sie an der Wand entlanggehend die Worte ab, und ich stand wie eine Schülerin davor und hörte aufmerksam zu.

»Ick find dit richtig kriminell!«, schrie sie. Ich hatte Angst, dass die anderen Menschen auf der Straße denken könnten, dass ich die überführte Täterin bin, die gerade einen Anschiss erhält.

Es ist wie immer. Hundert Passanten laufen eine Straße entlang, aber sobald jemand sein Entsetzen loswerden will, werde ich aus der Menge herausgegriffen. Ich hatte keine Lust, ihr zuzuhören, denn Schmierereien an der Wand gibt es in Berlin wie in Kreta Oliven an den Bäumen. Gleichzeitig wusste ich aber auch, dass, wenn ich nur lange genug stehen bleibe und zuhöre, etwas dabei herauskommt, das ich für meine Theaterkolumne verwenden könnte.

»Watt soll dit überhaupt bedeuten?«, hämmerte die Frau empört mit ihrem Gehstock auf die Worte an der Wand und las vor: »Tzlitt, tzlitt, tzlitt?«

Mitten auf den Gehweg hatte jemand vor ein paar Wochen einen gigantischen Pimmel gemalt. Zwei für eine Freihandzeichnung erstaunlich gleichförmige Eier komplettierten zusammen mit ein paar Schamhaaren, die aus den Rundungen herausstachelten, das Werk. Das genitale Ensemble begann an der Hausnummer 9 und reichte ein paar Hausgänge weiter bis zur 13. Alles in allem eine schöne, klassische Arbeit. Ich habe eine Schwäche für Kunst mit subtilen Botschaften. Als ich es das erste Mal sah, habe ich vor Begeisterung laut gelacht, zumal ich diesen recht konventionell gezeichneten Riesenriemen schon eine Weile nicht mehr im Straßenbild gesehen hatte. Leider bemalen die Straßenkünstler den öffentlichen Raum nicht mehr. Stattdessen wird – ganz klar ein Symptom unserer dauersabbelnden Zeit – alles zugetextet. Das gesamte Stadtbild, vom Zentrum bis in die Peripherie, ist eine Typoblablahölle. Wobei das meiste Gesabbel natürlich auf das Konto der Werbeindustrie geht, und das ist ja auch einmal einen Gedanken wert: Wie wohl eine Welt aussähe, in der es der Werbewirtschaft untersagt wäre, öffentlich zu werben? Wenn eine Bushaltestelle einfach nur eine Haltestelle mit Fahrplanaushang wäre. Und die Busse keine mit Faselfasel beklebten Fenster hätten, so dass man während der Fahrt gezwungen ist, durch eine verdunkelte und verpixelte Scheibe zu schauen, was wäre das für eine optische Entspannung. Was für eine Stille. Was für eine Ruhe.

Das Bild, das der anonyme Asphaltkünstler auf meine Straße gesprüht hatte, mit einer Farbe übrigens, die dem Regen und dem Abrieb unzähliger Schuhschritte seit Wochen standhält, hatte über Nacht ganz offensichtlich eine Antwort bekommen. Sie lautet »Clit Clit Clit«, was, wie ich finde, dem rabaukigen Gemächt ein angemessen komplexes Gegengewicht verleiht. Warum die alte Dame sich aber an den Clits (»tzlitt«) störte, die eindeutig größere Arbeit auf der Straße aber nicht mitbekam, verstand ich auch nicht.

Über etwas bedeutenderes als den pompösen Pimmel kann ich diese Woche nicht berichten. Irgendeine Redaktion fragte mich, ob ich denn nichts zu den Wahlen schreibe wolle, und ich traute mich nicht zu sagen: »Was soll ich denn Ihrer Meinung nach noch schreiben?« Ich habe alles, was ich über dieses Land weiß, doch längst geschrieben. Dass die Landtagswahl in Sachsen-Anhalt demokratisch desaströs ausgegangen ist und dass ich wie immer zu den wenigen politischen Kommentatorinnen gehöre, die sich tatsächlich Sorgen wegen des Wahlergebnisses macht. Sollte ich das schreiben? Dass ich nicht wie der Großteil der Kollegen darüber verstimmt bin, dass die Wahlprognosen danebenlagen? Dass mich diese Prognosen noch nie juckten? Auf Prognosen verlässt sich nur, wer kein politisches Gespür und keine politische Bildung hat. Ich war besorgt, als die AfD gegründet wurde, und sah sofort das rechtsradikale Potenzial, war besorgt, als Pegida erst nur mit 100 Leuten auf die

Straße ging, war besorgt, als der NSU aufflog, war besorgt, weil der angeblich politisch neutrale Rechtsstaat – welch Wunder – es doch nicht ist. Wäre Rechtsradikalsein eine Hüftkrankheit, würde ich sagen, dieses Land humpelt schon seit dem Ende des Zweiten Weltkrieges. Soll ich mich mein ganzes Leben lang an den Humplern abarbeiten? Mein Talent und mein Schreiben immer und immer wieder an den ewig gleichen alten Mist vergeuden? Och nö.

222 000 sachsen-anhaltinische AfD-Wähler führen im Kommentatorengeschäft zu nichts als schierer Erleichterung und Freude. Dabei sind sie gegenüber 400 000 CDU-Wählern eine relevante Größe und kein Grund zur Entwarnung. Stattdessen lese ich in den Zeitungen: »Die Brandmauer gegen rechts hat gehalten.« In einem Bundesland, in dem ein Rechtsterrorist zwei Menschen erschoss (ursprünglich plante er betende Juden in der Synagoge zu erschießen), stellt man sich meines Erachtens nicht hin und jubiliert über die vermeintliche »Einhegung« der Faschisten. 220 000 AfD-Wähler gaben mit diesem Wahlergebnis ihre Antwort auf den rechtsradikalen Terror in ihrem Bundesland. Ich kann keine Brandmauer erkennen. Weder in der Ost-CDU noch sonst wo.

In fast 15 Jahren, die ich wöchentlich meine deutschen Botschaften schreibe, habe ich mich bezüglich des Aufstiegs der Faschisten kein einziges Mal korrigieren müssen. Ich sage das nicht aus Rechthaberei. Natürlich hatte ich immer Recht. Prognosen auf der Basis von Wählerbefragung sind das eine. Gespür, Erfahrung, eine Antenne für Stimmung das andere. Man darf dem Frieden nicht trauen. Niemals. Der Grund dafür, warum ich vieles anders deutete und vermutete, ist, dass ich ich bin. Verstehen Sie? Ich bin mir sicher, dass einige von Ihnen verstehen, wie ich es meine.

*I*ch bin nachhaltig erschüttert bis entsetzt, dass erwachsene Menschen sich während der Epidemie mehr denn je gegenseitig Tipps zur Lebensführung geben. In meinem Lieblingspodcast ging es neulich darum, wie man ein Klo putzt. Manche Online-Medien veröffentlichen stündlich neue Gebrauchsanweisungen, wie man ein Brot schmiert oder wie der Sex gelingen kann, obwohl beide Partner durch das Homeoffice rund um die Uhr zusammen sind, wodurch die gegenseitige Anziehung flöten gehe.

Wenn man es nicht besser wüsste, könnte man daraus ableiten, dass die Nation eine Ansammlung von lebensuntüchtigen, debilen Bürgern mit Ganztagesbetreuungsbedarf ist. Kann gar nicht sagen, wie abgestoßen ich von Menschen bin, die Anleitungen zum Leben, Lieben, Kochen benötigen.

Mich hat auch diese elende, zumeist weibliche Angewohnheit immer verrückt gemacht, dass, sobald drei Frauen zusammensitzen, sie sofort beginnen, sich gegenseitig auszufragen und einander Tipps zu geben. »Also, ich mach es immer soundso und wie machst du es?« Man muss schon ganz schön auf den Kopf gefallen sein, um in einer wohlhabenden Industrienation mit kostenloser Gesundheitsversorgung und kostenlosem Bildungssystem nicht zu wissen, wie man sein Leben führen soll. Ich habe mich schon von Freundinnen getrennt, die mich gefragt haben »Wie wäschst du dein Haar, wo gehst du einkaufen, wie machst du es mit deinem Geliebten?« Ich denke dann ausnahmslos immer: »Geht dich einen Scheiß an!«

Letzte Woche habe ich *Small Town Boy* im Gorki-Theater-Stream gesehen. Was musste ich weinen, als ich Thomas Wodianka sah, wie er diesen riesigen Monolog hielt, der in Wirklichkeit ein 1A-Wutausbruch über die bigotte, kaputte Welt ist. Wie er die Hände vor die Brust verkrampft, die Daumen ganz dicht aneinander, die Handflächen schauen nach draußen, und dann losbrüllt: hysterisch und schrill den Mund aufreißt und einen letzten, langen Schrei ausseufzt – oh Gott, ich liebe es. Ich lobe normalerweise keine Gorki-Kollegen, weil das wie PR durch die Hintertür ist. Ich bin hier schließlich nicht als Marketing-Uschi beschäftigt. Aber erstens ist Wodianka schon lange in Zürich engagiert. Und zweitens: DANN IST ES EBEN SCHEISS-PR!!! NA UND? Immer noch besser, als sich von *Welt Online* haarklein erklären zu lassen, wie man bumst und sich 'ne Stulle schmiert.

*I*n der Schlange vor der Bäckerei stand ein Neonationalsozialist vor mir. Er trug Glatze, Springerstiefel und hatte einen Haufen völkischen Wirrwarr auf den Körper tätowiert. Alles in allem sah er wie ein rassenideologisches Wimmelbild aus. War schmächtig, aber tat breit und wichtig und drehte sich manchmal zu mir um. Ich ähnele sicher nicht den stämmigen, waschbeckenbreithüftigen Athletinnen aus einem Leni-Riefenstahl-Film, doch mit etwas Phantasie könnte ich als Pakistanerin mit englischem Vater durchgehen oder wie eine zu hell geratene Uigurin mit isländischer Mutter – und ein süßer Seehund ist auch noch eingekreuzt. Phänotypisch höchstens wie eine Viertelkanakin.

Der Neonationalsozialist war mit seiner Bestellung dran, also rückte ich unter Wahrung aller Abstandsregeln – nicht aus virologischen, sondern aus politischen Gründen – dicht genug auf, um mitzubekommen, was so ein Mann bestellt. Was essen die? Man geht ja doch von einem kruppstahlharten Roggenschrotflintenkorn aus.

Zunächst einmal schaute er die Backfachverkäuferin an, strahlte sie an, wie es nur die schmierigsten unter den Strebern tun, und piepste mit seiner hohen Comicfigurstimme: »Guuten Taaag!«

Wie kann man das beschreiben? Auf jeden Fall mehr Sopran als SS.

Ich drehte mich um, weil ich nach Verbündeten schaute, denn über so etwas muss man im Kollektiv lachen. Niemand lachte.

Ich meine, da biste schon mal Neonationalsozialist und hast einen Auftritt vor einer Viertelkanakin, da sagste doch wenigstens »Heil Hitler«, oder? Da piepst du dir doch nicht wie ein liebeskranker Falsettkastrat einen ab. Angeblich, so las ich es im Rudolf-Heß-Aphorismen-Abreißkalender, legt sich jedes Mal, wenn ein Neonationalsozialist beim Bäcker in der Schlange »Guuten Taaag!« fiepst, der Scheitel des Führers im Grab ein Stück weiter auf links.

Er war dran mit seiner Bestellung. Wäre ich an der Stelle des Kameraden, ich hätte mit fester Stimme nach einer Panzerplunder oder einer Graubrotgranate verlangt. Er aber wollte: »Eine Puddingschnecke, bitte.«

*I*n meinem Kreuzberger Wohnhaus wohnt jetzt eine kurdische Familie. Sie flohen aus dem Sindschar nach Deutschland. Der Vater ist ein zierlicher Mann mit sehr blauen Augen. Es ist dieses typisch wässrige Graugrünblau, für das es in der türkischen Sprache ein eigenes Wort gibt: *ela*. In der Kulturgeschichte der Türkei taucht *ela* durch alle Epochen und Kunstformen auf, wie das »Schallalalallala« in der deutschen Schlagerliedkultur.

Mein neuer Nachbar erzählte mir in einigen wenigen Sätzen seine Geschichte. Er habe die Reise aus dem Irak über die Türkei nach Griechenland und dann zu Fuß durch Europa bewältigt. Wochenlang war er unterwegs. Als er angekommen war, hat er seine Frau und seine zwei kleinen Mädchen nachgeholt, die in der Zwischenzeit in der Türkei gewartet hatten. »Warum sind Sie geflohen«, fragte ich ihn, »sind Sie Êzîdî?« Ich fragte, aber eigentlich wollte ich die Antwort lieber nicht hören. Denn die Antwort auf diese Fragen ist immer entsetzlich. Sechzehn Familienmitglieder haben sie verloren, erzählt er. Und ergänzt den Satz um eine Handbewegung. »So«, sagt er, und zieht mit dem Zeigefinger eine Linie um seine Kehle. Seine beiden Mädchen stehen neben ihm. »Ich will meine Kinder leben«, sagt er mir. »Ja«, sage ich, »Ihre Kinder sollen leben.«

Die beiden Mädchen sind die hinreißendsten Mädchen, die man sich vorstellen kann. Unaufhörlich zappeln sie, sind viel zu dünn angezogen, ihre Jäckchen für den Winter völlig ungeeignet. Mokkalöckchen ringeln sich um ihre runden Köpfe. Ihre Augen sehen aus, als hätte ihnen jemand zwei Knöpfe ins Gesicht getupft. Gemeinsam mit ihrem Vater waren sie auf dem Weg zum Lidl. Die Straße hoch zum Lidl kennen sie sehr gut. Vis-à-vis ist ein Asylbewerberheim, in dem sie drei Jahre lang mit den Eltern in einem Zimmer wohnten. Dort kam ein weiteres Baby zur Welt, ein Junge. Jetzt erwartet die Frau ihr viertes Kind, wie mir eines der beiden Mädchen unaufgefordert erzählt. »In Mamas Bauch ist ein Baby. Wir bekommen noch einen Bruder.«

Ohnehin habe ich das Gefühl, dass jedes Mal, wenn ich mich umdrehe, aus der Wohnungstür der Familie noch mehr Leben herauskommt. Eltern, Kinder, Kinderwagen, Einkaufstrolley – alles in allem ein verquirlter, verkicherter Haufen, aus dem viele aufgeweckte Äuglein herausschauen. Egal, wen ich aus der Familie treffe, immer werde ich angekichert. Da ich selber auch ein verkicherter Typ bin, kichern wir uns mehrmals am Tag im Treppenhaus an. »Hast du einen Mann?«, fragen mich die Mädchen. »Wie bitte?«, frage ich baff zurück. Meine eigene Familie hat schon vor Jahren aufgegeben, mich danach zu fragen. Das letzte Mal wurde ich das im ICE-Hotel Hannover gefragt, als ich im Fahrstuhl in die fünfte Etage fuhr und der Lift steckenblieb. Ein dicklicher Typ aus dem mittleren Management schaute mich an, ich schaute ihn an. Ich brach als Erste das Eis und fragte: »Hast du ein Handy?« Und er: »Hast du einen Mann?«

Jetzt stehen die Mädchen um mich herum und verlangen Auskunft. »Hast du deinen Mann in deine Wohnung gesteckt und gehst jetzt einkaufen?« »Nein«, sage ich, »ich gehe in den Laden, kaufe mir einen Mann und stecke ihn dann in meine Wohnung.« »Aha«, die Mädchen sind aufrichtig interessiert. »Und was kostet der Mann?« Ich sage: »Hoffentlich nicht viel.« Ich weiß nicht, was die Töchter ihrem Vater erzählt haben, denn er fragt mich nun jedes Mal: »Frau Dame? Haben Sie oben einen Herr Mann?«

Als ich die Mädchen das erste Mal auf der Straße traf und fragte, wie sie heißen, nannten sie mir nicht ihre vollen Namen, sondern buchstabierten. »Ich heiße Em-A-El-A. Ich bin fünf Jahre alt.« Ich fiel vor Lachen gleich wieder rückwärts auf den Bordstein.

Kaum alphabetisiert, die Zuckerschnäuzchen voller Milchzahnlücken, aber schon in der Buchstabierbundesrepublik angekommen. Die Kinder wissen wahnsinnig viel und übersetzen blitzschnell zwischen dem Vater und mir hin und her. Ich wette, dass sie in einigen Monaten auf die Frage, wie sie heißen, so antworten werden: »Magdeburg, Asylbewerberleistungsgesetz, Ludwig, Arbeitsamt. Und das ist meine Schwester Richard, Anton, Wolfsburg, Alleinerziehend.«

Kurz vor Nikolaus erklärte ich dem Vater, dass die Kinder ihre Schuhe putzen und jeweils einen Schuh vor die Tür stellen sollen. Der Nikolaus werde, ich fasste stark zusammen, je nach Bravheitsgrad der Kinder (man rechne in die Bilanz immer das ganze Jahr ein), eine Rute oder Naschwerk in die Schuhe legen. Bei Rute sage ich *sopa* und spiele ihm die Szenerie vor.

Ich stelle mich auf die Zehenspitzen, breche einen imaginären Ast vom imaginären Baum, halbiere ihn mit einem kräftigen Knick über dem Knie und simuliere den Vorgang des Kinderverdreschens. Die Pupillen meines Nachbars werden groß wie Wassermelonen. »Eine Rute? Er schlägt die Kinder??« »Ja«, antworte ich, »das ist eine Art *bayram*, wo der *baba* mit der roten Kapuze den Kindern eine Warnung hinterlassen kann.« »Wie Mafia«, sagt der Vater. Dann Schweigen. Ich merke, dass es angesichts der Geschichte dieser Familie ein Riesenmist ist, den ich da erzähle.

Am nächsten Tag hält mich der Vater wieder an. Er hat über die Sache nachgedacht. Einige Fragen sind offengeblieben. Er fragt: »Warum nur einen Schuh?« Die Kinder hätten doch zwei Füße. Und, ob es sich bei dem Baba mit der roten Kapuze um den gleichen Baba handele, der wenige Wochen später kommen werde. In der Kita seiner Tochter spreche man seit Wochen über den anstehenden rotkapuzten Besuch. Nein, sage ich. Die Babas sind sich ähnlich, weißer Bart, Sack über der Schulter, sie haben unterschiedliche Ausprägungen ein und der gleichen Glaubensausrichtung, aber handeln aus unterschiedlichen Motiven. Ihre Herkunftsländer sind unterschiedlich, sie gehören aber zu einer großen Familie. Mein Nachbar fragt: »Sind sie Kurden?« »Nein«, sage ich, »keine Kurden. Sie sind Christen.« Er fragt zurück: »Kurdische Christen?« »Nein«, sage ich. »Sie sind keine Kurden. Eher Türken.« Und erkläre ihm, der eine ist der Sohn eines wohlhabenden Weizenhändlers, in der Südtürkei geboren, heißt Nikolaus und wird später Bischof in Myra. Jedes Jahr am 6. Dezember, seinem Todestag, kommt er nach Deutschland und füllt den Kindern die Stiefel. Der andere heißt Weihnachtsmann und kommt anlässlich der Geburt eines beschnittenen Juden aus dem Orient, Kind einer schönen Mutter, Erzeuger unbekannt, geboren im Stall und gestorben am Kreuz. »Traurig«, sagt mein Nachbar, »alle Männer mit roter Mütze tot.« »Ja«, sage ich, »aber der am Kreuz trug keine rote Mütze« »Wer kommt alles diesen Monat?«, fragt mein Nachbar, er hat den Überblick verloren. Ich sage: »Der Nikolaus, der Weihnachtsmann, Knecht Ruprecht, und Jesus wird geboren.« »Mein Bruder wird bald auch geboren«, sagt eines der Mädchen.

Mein Nachbar fasst die Sachlage zusammen: »Der mit dem *sopa* kommt zuerst?« »Vielleicht kommt er ohne Rute«, sage ich, »ich weiß ja nicht, ob die Kinder lieb waren.« Mein Nachbar nimmt beide Mädchen in den Arm und sagt mit flehentlicher Stimme: »Bitti, meine Kinder immer lieb.« Ich sage: »Ja doch, das weiß ich, es sind sehr liebe Kinder.« Er: »Wenn meine Kinder laut, bitti mir immer sagen.« Sie wohnen im ersten Stock, und ich im vierten, beruhige ich ihn. »Ich höre nichts. Wirklich. Keinen Ton. Die Kinder sind sehr lieb. Ich bin mir sicher, der Nikolaus füllt den Kindern die Stiefel mit Süßigkeiten.« »Der Nikolaus vom Kreuz?«, fragt mein Nachbar. »Nein«, sage ich, »das ist Jesus. Der kommt danach, allerdings nicht persönlich, sondern stellvertretend für ihn erscheint der Weihnachtsmann.« »Wer ist tot?«, fragt mein Nachbar. Er kriegt die Fakten einfach nicht zusammen. Ich sage: »Alle drei.« »Aber sie kommen zurück?« »Ja«, sage ich, »alle drei kommen gewissermaßen zurück. Beziehungsweise sind schon zurück, weil, äh, Jesus ist als Gott

zurückgekommen, verstehen Sie?«, frage ich. »Gott. Allah.«
»Deutscher Allah?«, fragt er zurück. »Ja«, sage ich, »deutscher
Allah.« Er: »Mit roter Mütze?«

Ich merke, dass wir uns im Kreis drehen, zumal dieser ganze
Rotmützen-Baba-Kult genau genommen genauso wenig meine
wie seine Kultur ist. Und wer bin ich, dass ich mich hier ins
Zeug lege? Für wen? Warum? Auf der anderen Seite will ich
keinesfalls, dass sich die beiden Mädchen am Montag nach Nikolaus in der Kita beziehungsweise der Schule die Angeberge-
schichten derjenigen anhören müssen, deren Stiefel bis zum
Zerbersten mit Süßkram gefüllt sind, während Mala und Rawa
leer ausgegangen sind. Mir geht es die ganze Zeit natürlich nur
darum.

In der Nacht zum 6. Dezember schlich sich also Frau Dame mit
einem Haufen Schokoladenbabas, Glitzerzopfspangen, Glöckchen und dem ganzen Klimbim in die erste Etage hinunter und
füllte die winzigen Stiefel. Verbunden mit der Hoffnung, dass
hinsichtlich religiöser, sozialer, kultureller Theorie wie Praxis
bittii, bittii keinerlei Nachfragen mehr gestellt werden.

Dritter Teil

So, liebe anteilnehmende Leserschaft, sehr geehrtes Publikum, das war's, nicht traurig sein, jetzt trennen wir uns bald. Das war eine kleine Auswahl der Theaterkolumnen, die ich für Sie aussuchte und bearbeitete. Ich kenne Leute, die hätten jetzt »kuratieren und edieren« geschrieben, weil das nach MoMA und Bilbao klingt, nach Pulitzer und *NYT book review*. Herauskramen und umarbeiten verbreitet den Charme von laminierten Mitgliedsausweisen einer öffentlichen Leihbibliothek, *but that's me*.

Abend um Abend, Tag um Tag, von Jahr zu Jahr sprach und schäkerte ich mich durch die zum Publikum offene, imaginäre vierte Wand hindurch. Die Texte wurden zehntausendefach an die Abonnenten der Theaterkolumne verschickt, das werden sie immer noch, wer will, kann sich anmelden, und bekommt sie dann auch. Ich schrieb immer ins Dunkle hinein, wusste wenig über Sie und vermutete, dass Sie mich für verirrt oder verwirrt hielten, für richtig oder nichtig. Ich komme genau wie Sie vom Fuße eines Berges, den ich zu besteigen versuche. Manche von Ihnen sind schon oben. Sie müssen dann auf mich herabschauen. Ich verstehe das. Es gibt links und rechts, vorne und hinten, oben und unten, das sind die drei Dimensionen des euklidischen Raumes. Wirklich, ich nehme das nicht krumm, das ist eine Frage von Physik und Mathematik, wer von wo auf die Welt schaut. Ich schaue von hier. Sie sehen mich die Welt mit dem Stoff und der Sprache beschreiben, die ich vom Wind, den

Wellen und den Möwen erlernte. Am Ende fällt der Vorhang, das ist die gute Nachricht. Die schlechte ist, der Lappen geht in regelmäßigen Abständen wieder hoch und erneut schrieb ich eine Kolumne. Manchmal brandete Applaus auf, manchmal schaute ich in angewiderte Gesichter. Es gab solche und solche Briefe, auf Huldigungen folgten Beschuldigungen. Ich war Gott sei Dank immer auf der sicheren Seite. Mich zu lesen kostete kein Geld, es gab keinen Anspruch auf Regress. Das ist nun anders, da meine Betrachtungen zwischen zwei Buchdeckeln gelandet sind. Deshalb meine Bitte: Lassen Sie mich in Ruhe. Ich habe kein Geld für Anwälte.

Ich sage das nicht aus Paranoia. Weiß Gott nicht. Bei dieser Schreibarbeit wird man schmutzig gemacht. Sobald man sich entschließt, keine Gedichte zu schreiben, sondern auch mal eine Beschreibung der Welt zu liefern, ist es, als spazierte man bei Regenwetter. Irgendein Dummkopf fährt immer zu nahe am Bordstein durch eine Riesenpfütze. Dann steht man da wie ein begossener Pudel. Wobei ich mir die Rassebezeichnung Pudel natürlich verbitte. Ich war immer der Kläffer der einfachen Leute. Die anderen Kollegen bei den sehr großen Blättern und Brettern waren parfümierte und über Rundbürste geföhnte Hundis, ich aber bin ein Straßenköter. Ein dreckiger, hagerer Zottel. Schäme ich mich dafür? Sicher nicht. Ich weiß doch, wie es läuft, einmal gewaschen und ordentlich rasiert, klappt es auch mit der Anbiederei an die höher besteuerten Gehaltsklassen.

Habe ich Angst, werde ich manchmal gefragt. Ja, habe ich. Ich habe Angst zu sterben, ohne alles geregelt zu haben. Angst, dass ich nicht genug von der Zärtlichkeit der Welt genossen habe. Ich möchte noch ein wenig da sein. Einfach nur in der Ecke sitzen und zuschauen. Wenn das klappt, freue ich mich. Wenn nicht, dann vertraue ich darauf, dass auch das Gegenteil gerecht ist.

Ob mir die Dummköpfe Angst machten? Nein. Wirklich nicht.

Seit die Schmalspur-NSDAP unsere geliebte Heimat Bundesland für Bundesland zu übernehmen droht, interessieren sich die Herren und Damen Faschisten in den Landesparlamenten für die Arbeit am Theater. In der Öffentlichkeit ist das nicht so bekannt. Aber wir, die wir mit einem Bein im Theater stehen, wissen es. In Baden-Württemberg hat die AfD eine Offenlegung darüber gefordert, wie viele Balletttänzer, Schauspieler, Sänger und Musiker in der Oper keinen deutschen Pass besitzen. Außerdem wollten sie wissen, welche Staatsangehörigkeit die Künstler haben und wo sie ausgebildet wurden. Was sie mit dieser Liste bezwecken, haben die Mandatsträger nicht verraten. Ich könnte mir vorstellen, dass mit den Namen der ausländischen Theaterkollegen die »Todeslisten« des mecklenburgischen Rechtsextremistennetzwerks »Nordkreuz« ergänzt werden, damit man hinterher nicht 100 Listen hat, sondern nur eine. Die wird man dann, wie es so schön hieß, »am Tag X« abarbeiten. »Nordkreuz«, das unter anderem aus aktiven und ehemaligen SEK-Beamten besteht, hat 60 000 Schuss Munition sowie illegale Schusswaffen gehortet. Auf seiner Einkaufsliste standen noch Leichensäcke, wie die Polizei später mitteilte. Journalisten kämpfen seitdem dafür, dass die 25 000 Menschen auf der Liste benachrichtigt werden. Immerhin will man ja wissen, ob man schnell wegrennen soll, wenn sich jemand einem abends auf der Terrasse nähert. Walter Lübcke hatte keine Zeit, darüber nachzudenken, als er für ein kurzes Nickerchen in seinem Garten die Augen schloss. Dann schossen sie.

Die Berliner AfD arbeitet sich seit geraumer Zeit an der Theaterszene in Berlin ab. Neu an den Anfragen ist, dass die AfD erstmals nicht mehr schwammig und verdruckst nachfragt, sondern konkrete Namen nennt. Meinen.

Ein im Präfaschismus üblicher Schritt. Erst Nachfragen, das ist noch in der Demokratie, später in der Diktatur folgen dann die Ermittlungen. So hat es die SA gemacht. Sie hat geklopft, geklingelt und wenn es sein musste, gleich abgeführt. Es gibt Abgeordnete, die so scharf auf Diktatur sind, die können es nicht abwarten, die legen schon los. Unvergessen, wie der Berliner Satiriker Schlecky Silberstein Besuch von einem Berliner AfD-Abgeordneten bekam, der seinen Auftritt als Ermutigung filmte, damit andere ebenfalls klingeln und SA spielen. Fast alle meine Kollegen haben den Fall damals kolumniert und hatten den gleichen Gedanken wie Schlecky, der es so formulierte: »Ein Hauch von ʼ33 – und plötzlich stehen sie vor deiner Tür.« Ich sage unvergessen, aber das stimmt nicht. Gerade war eine Bundestagswahl und nein, diese Leute und diese Gefahren spielten im Wahlkampf keine Rolle. Diese Dinge geschehen und werden vergessen.

Ich gehe davon aus, dass ich nach der Machtübernahme persönlich von der AfD aus dem Theater hinausgetragen werde. Womit ich nicht rechnete, ist, dass sie schon vor der Machtübernahme namentliche Erkundigungen gegen mich anstellen werden. Die Mehrheit der Parlamentarier hat dagegen gestimmt, dass das Gorki Theater die Anfrage beantworten muss. Ich denke aber, aufgehoben ist sicher nicht aufgeschoben, und meine Devise war immer, den Wind aus den Segeln nehmen. Warum also es nicht öffentlich machen und Rede und Antwort stehen? Ich möchte kooperieren und hoffe, dass sich das positiv auf die Dauer meiner Zwangsarbeit in der mecklenburgischen Heringsfabrik auswirken wird. Dahin wird man uns doch bringen, oder? Ich will das unbedingt betonen: ICH KOOPERIERE und möchte als meine eigene KRONZEUGIN auftreten. Bitte rechnen Sie mir das nach meiner Deportation an!

Hier also die Anfrage, für die die AfD 2019 versuchte, im Parlament eine Mehrheit zu finden. Ich werde sie Punkt für Punkt beantworten.

Anfrage von der AfD-Fraktion Berlin an das Parlament:

In welchem Arbeitsverhältnis steht Mely Kiyak zum Gorki Theater?

Wie Sie wissen, nennt man mich in Theaterkreisen auch die Dorothy Parker des Staatstingeltangels. Viele Leser fragen mich, ob ich tagsüber am Regiepult hinter der großen Bühne schreibe. Natürlich nicht. Die Theaterdirektorin (übrigens

auch nicht ganz tippitoppi deutsch im Sinne der Rassegesetze)
stellt mir ihr großes Eckbüro zur Verfügung, wo ich mit meiner
langen Perlenkette, die sich dreireihig um mein üppiges Dekolleté
schlingt und deren Enden in den gefüllten Champagnerkelch
klimpern, dem persönlichen Referenten der Intendantin meine
Gedanken diktiere. Der Referent hat die deutsche Staats-
angehörigkeit und im Gegensatz zu mir kein ortsfremdes Blut
in den Adern. Formal bin ich als Künstlerin Gast am Haus. Aber
man weiß ja, wie es ist. Leute »wie ich« führen sich auf, als ob
ihnen der Laden gehört. Es gibt Kollegen im Haus, die schwören,
wenn ich an ihnen vorbeigehe, würden meine – excusez-moi –
Eier »dingeldongel« aneinanderklongeln, derart unangebracht
und großspurig sei mein Auftreten. Ich weise das weit von
mir. Ich empfinde mich selbst als eine ätherische Fee, gefangen
im Körper eines deutschen Sturmgeschützes.

Bitte um Aufschlüsselung der Mittel, die Mely Kiyak erhält,
und Beschreibung ihres Aufgabenprofils.

Die Mittel, die ich erhalte, sind Steuergelder. Also das hart erar-
beitete Geld deutscher Arbeitnehmerinnen und Arbeitnehmer,
die Deutschland nach '45 aufbauten und jetzt von Mini-Renten
leben müssen. In etwas unfeinen Kreisen würde man »Staats-
knete« sagen. Ich nenne es ein bescheidenes Salär im Rahmen
der etwas beschränkten Berliner Verhältnisse. Ich sage es gerne
immer und immer wieder, in der freien Wirtschaft würde ich
locker das Zehnfache machen.
  Was die Summe betrifft, möchte ich folgende Angabe machen.
Der Theaterintendant Ulrich Khuon fragte mich einmal an,

den Festvortrag für den Theater-Oscar zu halten. Als ich ihm
mein Honorar nannte, weinte er, weil er über die Summe
nicht verfügte. Alle anderen Redner in der Geschichte dieser
Veranstaltung nahmen deutlich weniger.

Inwieweit entspricht es ihrem Aufgabenprofil, sich in
40 Prozent ihrer Kolumnen mit der AfD auseinanderzusetzen?
(Bitte um Darstellung der Mittel für die Theaterkolumnen.)

Ja, das mit den 40 Prozent ist mir selber etwas peinlich. Das
ist natürlich nur ein Durchschnittswert. Ich war in manchen
Jahren nicht ganz in Form, so dass ich weniger als die 80 Prozent
puren, reinen AfD-Auseinandersetzungs-Inhalt schrieb, die ich
mir als Richtwert selber auferlegt hatte. Das lässt den Schnitt
natürlich empfindlich abschmieren. Zu meinem Aufgabenprofil:
Wie der Name »Kiyaks Theater Kolumne« sagt: Ich, Mely Kiyak,
schreibe eine Kolumne.

Bitte um Darstellung aller Veranstaltungen und Projekte, die
mit Mely Kiyak bislang durchgeführt wurden und für 2020/21
geplant sind.

Seit ich an dem Haus engagiert wurde, habe ich regelmäßig
Lesungen, Theaterstücke, Theaterabende, Diskussionsveranstal-
tungen, Shows und anderes aufgeführt. Man kriegt mich von
den Brettern eigentlich kaum runter. Außerdem habe ich in
diversen Spielzeitheften publiziert. In manchen Jahren konnte
man mich mehrmals im Monat sehen. Und als ob das nicht
reicht, werde ich gelegentlich von Künstlern eingeladen, bei ihren

Veranstaltungen zu sekundieren. Von Philipp Ruch beispiels-
weise, ein, wie ich sagen würde, Kollege und Freund, und wie
Sie sagen würden, Terrorist.

Man konnte mich und meine Arbeit auch schon in den
Münchner Kammerspielen, am Deutschen Schauspielhaus Ham-
burg, im Schauspiel Köln, am Deutschen Theater Berlin, im
Staatstheater Karlsruhe, Staatsschauspiel Hannover, Staatschau-
spiel Freiburg undundund sehen, ich sage es nur, damit die
lästige Abfragerei wegfällt. Ich gehe auch in Zukunft davon aus,
dass der Name AfD fallen wird.

Ich hoffe, ich konnte helfen? Bitte, das ist mir wichtig: ICH
WERDE KOOPERIEREN!

Die Intendantin versprach mir, dass sie sich gemeinsam mit
mir an das Gorki Theater ketten wird, wenn sie mich holen.
Ihr Vorbild für diese Protestaktion ist die Blockade gegen den
Transport radioaktiver Abfälle in Gorleben.

Die Sonne geht auf, die Sonne geht unter, der Kampf geht weiter. Das hat nichts mit mir, nichts mit uns zu tun. Es sieht immer alles so leicht aus, als würden einem die Worte aus den
Fingern regnen. Aber so ist es nicht. Wie ein Ornithologe muss
man schier endlos still und regungslos Ausschau halten, bis
einem dieser eine schöne Vogel begegnet, den man dann beschreiben kann. Gestern fuhr ich in der S-Bahn. Eine Flaschen-
sammlerkönigin bettelte und bewegte sich im Waggon wie eine
Großgrundbesitzerin durch ihre Ländereien. In ihren Augen
kramten zu wenige in den Geldbörsen und also schrie sie laut

und genervt: »Ich habe jetzt auch Mittagspause und muss arbeiten, also bitte!«

Das alles sind Geschichten, Kolumnen, Stücke – nennen Sie es, wie Sie wollen. Das Leben ist eine Spielzeit, schauen Sie raus, da haben Sie eine Bühne. Meine ist der Alltag. Abends nickt mir mein Nachbar im vierten Stock aus dem Haus gegenüber zu. Genau wie ich lebt er in einer viel zu geräumigen Wohnung. Braun gebrannt und gepflegt wie eh und je zieht er am offenen Fenster ein paar Züge an seiner Zigarette. Wir überraschen uns seit Jahren mit einer abwechslungsreichen, extravaganten Tagesgarderobe und haben beide komische Berufe. Er betreut Showgrößen wie Robbie Williams während ihrer Berlin-Konzerte. Nachts verlässt er im Anzug das Haus und vormittags bis elf bleiben seine Vorhänge zugezogen. Die italienische Trattoria an der Ecke hat geöffnet, auch Violetta sieht blendend aus. Jeden Morgen joggt sie und hat seit 25 Jahren keine Kohlenhydrate mehr zu sich genommen und keinen Käse, alles das, was sie ihren Gästen in die Gerichte rührt. Katja Kippings Mitarbeiter isst mehrmals die Woche bei ihr und alle anderen, die wir hier leben, auch. Wir wohnen alleine, haben wahrscheinlich viel zu große Wohnungen und in den Steuererklärungen etwas stehen, von dem das Finanzamt denkt, dass es eine Phantasietätigkeit ist. Violetta sagt, sie habe dank der »Coronamillione« von der »banka« durchhalten können, und wie immer bestelle ich keine Pizza bei ihr, denn dann erzählt sie mir, dass sie Pizza »niemalse« isst und dass ich etwas von ihrem Vitamin-C-Pulver bekommen könne, das verhelfe zu einer strahlenden Haut (»'aute mit eine Glow, Meeeeeely, wie eine polierte Glaße!«). Während ich mit Violetta plaudere und mir die neuesten Tipps für Körper-, Gesichts- und Muschipflege abhole (»nur aqua, nur aqua!«), kommen die supersüßen yesidischen Mädchen aus meinem Haus mit ihrem Vater vorbei. Sie begleiten den Vater zum Supermarkt und haben eine Baumwollkombination mit glitzernden Sternen an. Aus dem dünnen, labberigen Baumwollstoff, der wie Unterwäsche aussieht, schauen ihre dünnen Ärmchen und spindeligen Beinchen hervor. Zuckersüß winken sie mir zu, haben Mundschutz auf und die dunklen Kullerknöpfchen blitzen aus dem Haarhaufen heraus. Wir sind nun ein Bewohner mehr als vor der Coronakrise, das Brüderchen, auf das sie sich freuten, entpuppte sich als Mädchen. Ich gehe hoch in die Wohnung, klingele vorher bei der 85-jährigen Hedwig, der ich das Sprudelwasser vorbeibringe und zwei Masken, und sie fällt mir vor Freude um den Hals, denn ich wohne über ihr und dass ich da bin, ist ihr das Liebste. Sie zeigt mir sofort den Brief von der AOK, der Zuschuss für Glasauge und Hörgeräte wird gewährt, eine gute Nachricht. Hedwig aber macht sich Sorgen, ob sie »den lieben Leuten« von der Krankenkasse einen Zwanziger vorbeibringen solle oder doch lieber nur Pralinen.

Sind das relevante Geschichten? Schrieb Macbeth über Bedeutenderes? Ich versuchte immer mit Normalität zu begeistern, weil es das ist, was mich am meisten bewegte. Denn ein Jegliches hat seine Kolumne, und jedes Tun unter dem Himmel hat seinen Text: Geboren werden hat seine Kolumne, sterben hat seine Kolumne; pflanzen hat seine Kolumne, ausreißen, was gepflanzt ist, hat seine Kolumne; töten hat seine Kolumne, heilen hat seine Kolumne; abbrechen hat seine Kolumne, bauen hat seine Kolumne; weinen hat seine Kolumne, lachen hat seine Kolumne; klagen hat seine Kolumne, tanzen hat seine Kolumne; Steine wegwerfen hat seine Kolumne, Steine sammeln hat seine Kolumne; herzen hat seine Kolumne, aufhören zu herzen hat seine Kolumne; suchen hat seine Kolumne, verlieren hat seine Kolumne; behalten hat seine Kolumne, wegwerfen hat seine Kolumne; zerreißen hat seine Kolumne, zunähen hat seine Kolumne; schweigen hat seine Kolumne, reden hat seine Kolumne; lieben hat seine Kolumne, hassen hat seine Kolumne; Streit hat seine Kolumne, Friede hat seine Kolumne.

Die Nächte liege ich im Salon, weil ich jetzt immer zur Straßenseite raus schlafe. Liege oft wach, finde keinen Schlaf und überhaupt, seit wann ist im Feuermelder dieses blinkende Licht? Heute Nacht, ich muss doch eingeschlafen sein, wachte ich auf, jemand schrie, irgendwer schreit immer, denn das hier ist der Mittelpunkt der Hölle, Kreuzberg, mitten auf der 140er-Buslinie, wo sich morgens die türkischen Frauen mit bunten Tüchern auf dem Kopf treffen, um gemeinsam die Putzschicht im Urbankrankenhaus zu beginnen. Wo die gegelten, pubertierenden Lackaffen sich schreiend, rotzend, breitbeinig durch die Straßen bewegen und wahlweise Mütter, Fotzen oder Ärsche ficken, und wenn man ihnen sagt, eşek oğlu eşek, wer ist dein gottverdammter Vater, wer?, ich werde ihm sagen, was für ein armseliger *kürdan* du bist, los, nenne den Namen deines Vaters, werden sie winselig und sagen, *abla*, das hast du falsch verstanden, *abla*, ich entschuldige mich, ich bin heute durch die Taxiprüfung gefallen, so eine Straße ist das, so laut, so vollgestopft mit Drama, Leid und Parken in zweiter und dritter Reihe. Wo die alten Kurden und Türken Gesichtsmaske tragen, während die jungen Burschen auf den Boden spucken, oder, wie wir hier sagen, »Broschen legen«. Hier schreit immer jemand, Tag und Nacht. Dieser nächtliche Rufer aber ist verzweifelt. Wie ein Burgschauspieler ruft er in die Kreuzberger Nacht mit klarer Stimme und Aussprache »IHR SEID ALLE HELDEN, IHR ARSCHLÖCHER. HELDEN SEID IHR!«

Das, meine sehr verehrten Damen und Herren, ist die Soße, aus der alles entsteht. Wenn am Kotti die Sonne aufgeht und die vom Lebensglück Übergangenen vor dem *simitci* zu schnorren beginnen und die jungen Leute kalten Kaffee in ihren Hinterhofläden aufbrühen, weil heißer Kaffee in ihren Augen rückschrittlich ist, dann schaue ich, die ich vielleicht gerade von irgendwoher nach Hause komme, auf dieses Guten-Morgen-Theater mit Gelächter, aber auch mit Hoffnung, Freundschaft, Sympathie, weil ich weiß, dass in alledem auch immer ich bin. Ich kam auf so vielen Umwegen in mein Leben, das gibt es eigentlich gar nicht, dass nicht ich es bin, die gleich im 140er ins Urban zum Putzen in meine *vardiye* muss. Stattdessen setze ich mich an meinen Tisch, der manchmal gar kein Tisch ist, sondern ein viel zu niedriger Sessel, und verliere mich in Gedanken, die kommen und kamen, nicht alle haben Namen, und spreche in dieses Niemandsland namens Schreiben, verbeiße mich in Politik, Gesellschaft, und manchmal, es ist eher einer der seltenen Momente, öffne ich ein Fenster und merke, draußen knuspert wild der Wind an der Birke, und Freude breitet sich in meinem Körper aus und erreicht mich bis in alles. Ich hoffe, Sie haben so was auch, machen Sie's gut, Selam. Verehrung, Verneigung.

$\mathcal{M}$ely Kiyak schreibt. Zuletzt erschien 2020 bei Hanser *Frausein*. Ihre Kolumnen *Kiyaks Deutschstunde*, *Kiyaks Theater Kolumne* und *Kiyaks Exil* erscheinen regelmäßig in Deutschland und in der Schweiz.